JN097459

【国家試験】
知的財産管理技能検定

厳選
過去問題集

3級

もくじ

特許法・実用新案法

意匠法

商標法

条約

著作権法

その他の知的財産に関する法律

実力テスト

3 級試験概要

本書について

1. 過去 10 回の試験問題から、合格に必要な問題を厳選し一冊に収録

本書には、第33回（2019年7月）から第43回（2022年11月）まで※に実施された知的財産管理技能検定３級の過去問題の中から、出題傾向を踏まえて合格に必要な学科・実技の問題と詳細な解説を掲載していますので、一冊で３級両試験の学習ができます。

本書では、レッスンの最初にそのレッスンの内容をまとめた重要ポイントを掲載していますので、過去問題を解く前にポイントを理解したうえで問題に取り組むことで、出題のポイントがよくわかる仕組みになっています。

また、巻末には本試験さながらの実力テストを解答解説とあわせて掲載しています。

※第35回（2020年3月）については、新型コロナウイルス感染症対策のため実施されませんでした。

2. 法令基準日と法改正等の影響も考慮

本書では、2023年11月から2024年7月に実施される試験対策として、本書に掲載している過去問題については、各試験実施回の法改正等を考慮して見直ししています。その結果、法改正等の影響を受けている問題および解答については、選択肢の入れ替えや適切 / 不適切の変更を行っており、関連のある法改正等の情報は「解答解説」で説明しています。

各実施回の法令基準日は知的財産管理技能検定 HP（http://www.kentei-info-ip-edu.org/exam_youryo/exam_kijunbi.html）にてご確認ください。

3. 出題領域順の並び替えで、効率よく学習ができる

本書では、試験でよく出題されるポイントをレッスンごとに効率よく学習できるよう、「公式テキストに準拠した出題領域順」に重要ポイントと学科・実技の問題と解説を掲載しています。領域ごとに学習が進められるので、漠然と過去問題を出題順に解くより、効率よく学習することができます。

また、実力テストには、各問題の出題領域を掲載しているので、学習の成果を確認できるだけでなく、正解できなかった領域を把握できるため、ポイントを絞った復習をすることができます。

領域順に分類

商標法

15.商標権の侵害と救済

重要Point

各レッスンの重要ポイント

各領域の要点をまとめているので，知識の整理ができます。

- 商標権者が**独占的**に使用できる範囲は，指定商品または指定役務における登録商標の使用に限られ，登録商標または指定商品・指定役務のいずれかが類似，もしくは両方が類似する範囲については，他人の使用を**禁止**できる
- 商標権者は，侵害者に対して**差止請求**，**損害賠償請求**，**不当利得返還請求**，**信用回復措置請求**をすることができる
- **商標登録無効審判**は**利害関係人**でなければ請求することができない
- 一定の無効理由については，商標権の設定登録日から**5年**を経過していると，**商標登録無効審判**を請求することができない
- 商標掲載公報が発行された日から**2カ月以内**であれば，**誰でも**，**登録異議の申立て**をすることができる

学科問題

62 （38回　学科　問28）

ア～ウを比較して，商標権等に関して，最も**不適切**と考えられるものはどれか。

ア　登録商標が著名であって，当該商標権に係る指定商品と非類似の商品につい

各問題に出題領域を掲載

苦手領域を克服！
ポイントを絞った復習が可能に

問5　正解: ウ

意匠法の保護対象と登録要件

ア　適切

意匠登録出願をしようとする者は，２～100の自己の意匠登録出願を一の願書により一括して提出することができます（意施規２条の２）。

イ　適切

同時に使用される二以上の物品であって経済産業省令で定めるものを構成する物品に係る意匠は，組物全体として統一があるときは，一意匠として出願することができます（意８条）。

ウ　不適切

店舗，事務所その他の施設の内装を構成する物品，建築物又は画像に係る意匠は，その内装全体として統一的な美感を起こさせる場合には，一意匠として出願することができます（意８条の２）。

実力テスト

領域別インデックス

4.「大領域出題比率」と「領域別出題数」で出題バランスと出題傾向がわかる

大領域出題比率では、第 39 回（2021 年 7 月実施）から第 43 回（2022 年 11 月実施）までの学科試験・実技試験・その合計の大領域の出題比率を円グラにしています。どの領域からの出題が多いのか出題バランスを一目で確認することができます。

また、領域別出題数では、小領域ごとの出題数を掲載しています。どの小領域からの出題が多いのか詳細を確認することができます。

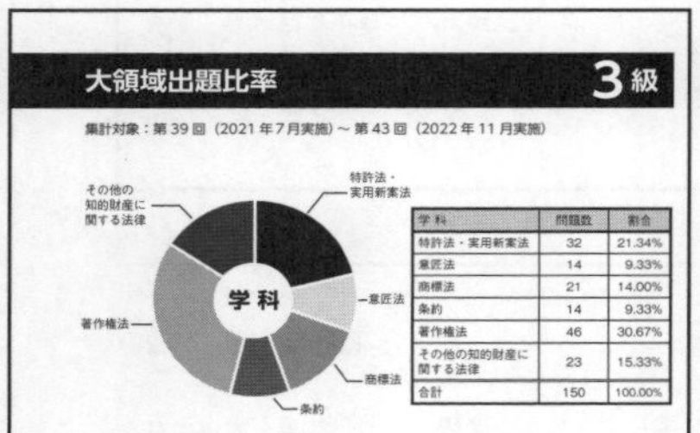

大領域出題比率　3級

集計対象：第 39 回（2021 年 7 月実施）～第 43 回（2022 年 11 月実施）

学 科	問題数	割合
特許法・実用新案法	32	21.34%
意匠法	14	9.33%
商標法	21	14.00%
条約	14	9.33%
著作権法	46	30.67%
その他の知的財産に関する法律	23	15.33%
合計	150	100.00%

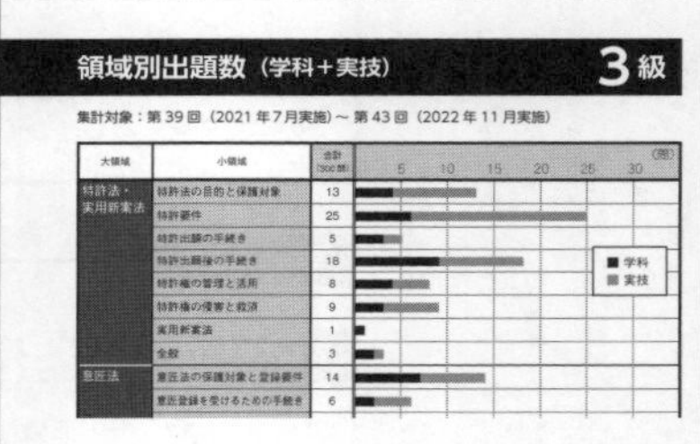

領域別出題数（学科＋実技）　3級

集計対象：第 39 回（2021 年 7 月実施）～第 43 回（2022 年 11 月実施）

大領域	小領域	合計
特許法・実用新案法	特許法の目的と保護対象	13
	特許要件	25
	特許出願の手続き	5
	特許出願後の手続き	18
	特許権の管理と活用	8
	特許権の侵害と救済	9
	実用新案法	1
	全般	3
意匠法	意匠法の保護対象と登録要件	14
	意匠登録を受けるための手続き	6

公式テキストと本書

本書は、指定試験機関が編集した「知的財産管理技能検定３級公式テキストに掲載された法律の領域と表記に準拠しています。

公式テキストと本書を合わせて使用することで、より効率的な学習が可能です。

5. 学科・実技それぞれの「領域別出題一覧表」で、領域ごとの詳細な出題傾向がわかる

領域別出題一覧表では、第39回（2021年7月実施）から第43回（2022年11月実施）までの学科試験・実技試験それぞれについて、小領域ごとの出題数を掲載しています。小領域ごとの出題バランスだけでなく、毎回出題されている小領域はどこかなども確認することができます。

領域別出題一覧表（学科）　3級

大領域	小領域	2021年 7月 第39回	2021年 11月 第40回	2022年 3月 第41回	2022年 7月 第42回	2022年 11月 第43回	合計 150問	平均 (問)
特許法・実用新案法	特許法の目的と保護対象	1	2		1		4	0.8
	特許要件	1	1	1	1	2	6	1.2
	特許出願の手続き	1		1		1	3	0.6
	特許出願後の手続き	1	2	2	3	1	9	1.8
	特許権の管理と活用	1	1			2	4	0.8
	特許権の侵害と救済	1	1		1		3	0.6
	実用新案法			1			1	0.2
	全般	1				1	2	0.4
意匠法	意匠法の保護対象と登録要件	2	1	1	1	2	7	1.4
	意匠登録を受けるための手続き			1	1		2	0.4
	意匠権の管理と活用	1	1			1	3	0.6
	意匠権の侵害と救済			1	1		2	0.4
	全般						−	−
商標法	商標法の保護対象と登録要件	1	1		2	2	6	1.2
	商標登録を受けるための手続き	1	1	1	1	1	5	1.0

大領域	小領域	合計	(問) 2 4 6 8 10 12 14 16 18 20 22
特許法・実用新案法	特許法の目的と保護対象	4	
	特許要件	6	
	特許出願の手続き	3	
	特許出願後の手続き	9	
	特許権の管理と活用	4	
	特許権の侵害と救済	3	
	実用新案法	1	
	全般	2	
意匠法	意匠法の保護対象と登録要件	7	
	意匠登録を受けるための手続き	2	
	意匠権の管理と活用	3	
	意匠権の侵害と救済	2	
	全般	−	
商標法	商標法の保護対象と登録要件	6	
	商標登録を受けるための手続き	5	
	商標権の管理と活用	5	

※試験問題についてのご質問はお受けできませんのでご了承ください。

各法律の略称については，下記のとおり表記しています。

特許法 ⇒ 特
実用新案法 ⇒ 実
意匠法 ⇒ 意
商標法 ⇒ 商
特定農林水産物等の名称の保護に関する法律 ⇒地理的表示
パリ条約 ⇒ パリ
特許協力条約 ⇒ PCT
特許協力条約に基づく規則 ⇒ PCT 規則
TRIPS 協定 ⇒ TRIPS
著作権法 ⇒ 著
不正競争防止法 ⇒ 不競
民法 ⇒ 民
独占禁止法 ⇒ 独
種苗法 ⇒ 種
民事訴訟法 ⇒ 民訴
知的財産高等裁判所設置法 ⇒ 知財高裁

（例）特許法第 29 条第 1 項第 1 号⇒特 29 条 1 項 1 号

大領域出題比率　3級

集計対象：第 39 回（2021 年 7 月実施）～ 第 43 回（2022 年 11 月実施）

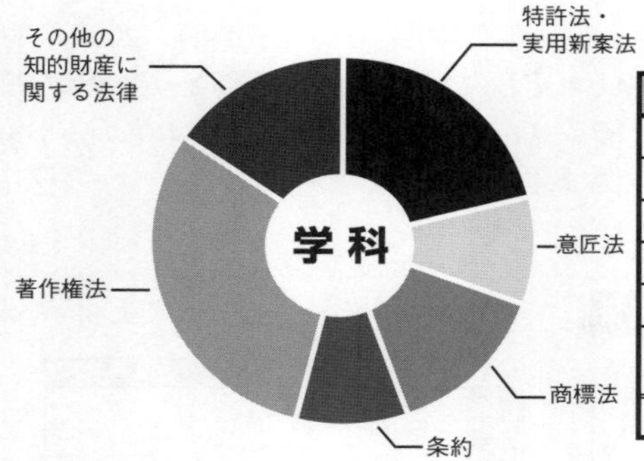

学 科	問題数	割合
特許法・実用新案法	32	21.34%
意匠法	14	9.33%
商標法	21	14.00%
条約	14	9.33%
著作権法	46	30.67%
その他の知的財産に関する法律	23	15.33%
合計	150	100.00%

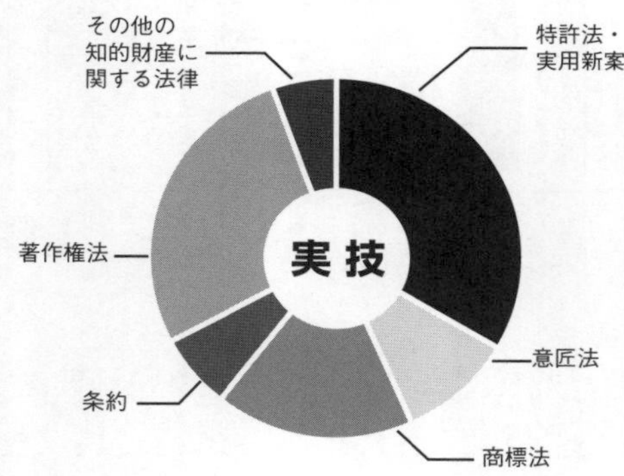

実 技	問題数	割合
特許法・実用新案法	50	33.34%
意匠法	15	10.00%
商標法	26	17.33%
条約	10	6.67%
著作権法	41	27.33%
その他の知的財産に関する法律	8	5.33%
合計	150	100.00%

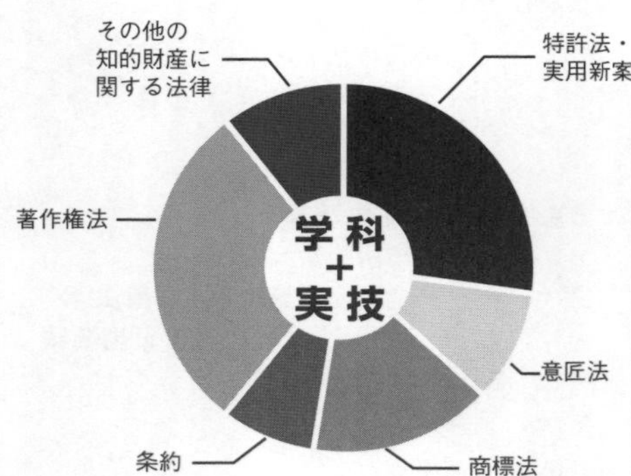

学科＋実技	問題数	割合
特許法・実用新案法	82	27.33%
意匠法	29	9.67%
商標法	47	15.67%
条約	24	8.00%
著作権法	87	29.00%
その他の知的財産に関する法律	31	10.33%
合計	300	100.00%

領域別出題数（学科＋実技） 3級

集計対象：第39回（2021年7月実施）～第43回（2022年11月実施）

大領域	小領域	合計（300問）
特許法・実用新案法	特許法の目的と保護対象	13
	特許要件	25
	特許出願の手続き	5
	特許出願後の手続き	18
	特許権の管理と活用	8
	特許権の侵害と救済	9
	実用新案法	1
	全般	3
意匠法	意匠法の保護対象と登録要件	14
	意匠登録を受けるための手続き	6
	意匠権の管理と活用	4
	意匠権の侵害と救済	4
	全般	1
商標法	商標法の保護対象と登録要件	17
	商標登録を受けるための手続き	5
	商標権の管理と活用	12
	商標権の侵害と救済	7
	全般	6
条約	パリ条約	6
	特許協力条約（PCT）	14
	その他の条約	1
	全般	3
著作権法	著作権法の目的と著作物	18
	著作者	7
	著作者人格権	6
	著作（財産）権	13
	著作権の制限	31
	著作隣接権	6
	著作権の侵害と救済	5
	全般	1
その他の知的財産に関する法律	不正競争防止法	6
	民法	2
	独占禁止法	5
	種苗法	10
	弁理士法	5
	その他	3

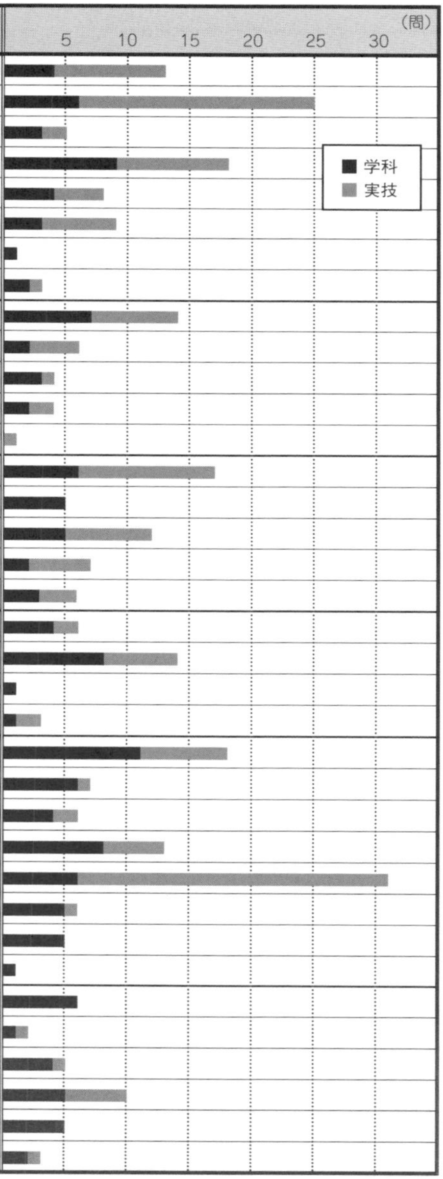

領域別出題一覧表（学科）　3級

大領域	小領域	2021年 7月 第39回	2021年 11月 第40回	2022年 3月 第41回	2022年 7月 第42回	2022年 11月 第43回	合計 150問	平均（問）
特許法・実用新案法	特許法の目的と保護対象	1	2		1		4	0.8
	特許要件	1	1	1	1	2	6	1.2
	特許出願の手続き	1		1		1	3	0.6
	特許出願後の手続き	1	2	2	3	1	9	1.8
	特許権の管理と活用	1	1			2	4	0.8
	特許権の侵害と救済	1	1		1		3	0.6
	実用新案法			1			1	0.2
	全般	1				1	2	0.4
意匠法	意匠法の保護対象と登録要件	2	1	1	1	2	7	1.4
	意匠登録を受けるための手続き			1	1		2	0.4
	意匠権の管理と活用	1	1			1	3	0.6
	意匠権の侵害と救済			1	1		2	0.4
	全般						―	―
商標法	商標法の保護対象と登録要件	1	1		2	2	6	1.2
	商標登録を受けるための手続き	1	1	1	1	1	5	1.0
	商標権の管理と活用	1	2	1		1	5	1.0
	商標権の侵害と救済			1	1		2	0.4
	全般	1	1	1			3	0.6
条約	パリ条約	1	1		1	1	4	0.8
	特許協力条約（PCT）	1	1	2	2	2	8	1.6
	その他の条約			1			1	0.2
	全般		1				1	0.2
著作権法	著作権法の目的と著作物	1	2	4	2	2	11	2.2
	著作者	2	1		2	1	6	1.2
	著作者人格権	1	1	1		1	4	0.8
	著作（財産）権	1	2	3	1	1	8	1.6
	著作権の制限	1	1	1	1	2	6	1.2
	著作隣接権	1		1	2	1	5	1.0
	著作権の侵害と救済	2	2	1			5	1.0
	全般					1	1	0.2
その他の知的財産に関する法律	不正競争防止法	1	2	1	1	1	6	1.2
	民法				1		1	0.2
	独占禁止法	1		1	1	1	4	0.8
	種苗法	1	1	1	1	1	5	1.0
	弁理士法	1	1	1	1	1	5	1.0
	その他	1			1		2	0.4

大領域	小領域	合計
特許法・実用新案法	特許法の目的と保護対象	4
	特許要件	6
	特許出願の手続き	3
	特許出願後の手続き	9
	特許権の管理と活用	4
	特許権の侵害と救済	3
	実用新案法	1
	全般	2
意匠法	意匠法の保護対象と登録要件	7
	意匠登録を受けるための手続き	2
	意匠権の管理と活用	3
	意匠権の侵害と救済	2
	全般	—
商標法	商標法の保護対象と登録要件	6
	商標登録を受けるための手続き	5
	商標権の管理と活用	5
	商標権の侵害と救済	2
	全般	3
条約	パリ条約	4
	特許協力条約（PCT）	8
	その他の条約	1
	全般	1
著作権法	著作権法の目的と著作物	11
	著作者	6
	著作者人格権	4
	著作（財産）権	8
	著作権の制限	6
	著作隣接権	5
	著作権の侵害と救済	5
	全般	1
その他の知的財産に関する法律	不正競争防止法	6
	民法	1
	独占禁止法	4
	種苗法	5
	弁理士法	5
	その他	2

領域別出題一覧表（実技） 3級

大領域	小領域	2021年 7月 第39回	2021年 11月 第40回	2022年 3月 第41回	2022年 7月 第42回	2022年 11月 第43回	合計 150問	平均（問）
特許法・実用新案法	特許法の目的と保護対象		6	1	1	1	9	1.8
	特許要件	6	1		6	6	19	3.8
	特許出願の手続き	1			1		2	0.4
	特許出願後の手続き	1	1	6		1	9	1.8
	特許権の管理と活用	2		1	1		4	0.8
	特許権の侵害と救済	1	2	2		1	6	1.2
	実用新案法						–	–
	全般			1			1	0.2
意匠法	意匠法の保護対象と登録要件	1	2	2	1	1	7	1.4
	意匠登録を受けるための手続き	2		1		1	4	0.8
	意匠権の管理と活用					1	1	0.2
	意匠権の侵害と救済		1		1		2	0.4
	全般				1		1	0.2
商標法	商標法の保護対象と登録要件	1	1	1	4	4	11	2.2
	商標登録を受けるための手続き						–	–
	商標権の管理と活用	1	3	1	1	1	7	1.4
	商標権の侵害と救済	1		3	1		5	1.0
	全般	2	1				3	0.6
条約	パリ条約		1	1			2	0.4
	特許協力条約（PCT）	2	1	1	1	1	6	1.2
	その他の条約						–	–
	全般				1	1	2	0.4
著作権法	著作権法の目的と著作物				6	1	7	1.4
	著作者					1	1	0.2
	著作者人格権		1		1		2	0.4
	著作（財産）権	1	1	2		1	5	1.0
	著作権の制限	6	6	6	1	6	25	5.0
	著作隣接権	1					1	0.2
	著作権の侵害と救済						–	–
	全般						–	–
その他の知的財産に関する法律	不正競争防止法						–	–
	民法				1		1	0.2
	独占禁止法		1				1	0.2
	種苗法	1	1	1	1	1	5	1.0
	弁理士法						–	–
	その他					1	1	0.2

大領域	小領域	合計
特許法・実用新案法	特許法の目的と保護対象	9
	特許要件	19
	特許出願の手続き	2
	特許出願後の手続き	9
	特許権の管理と活用	4
	特許権の侵害と救済	6
	実用新案法	−
	全般	1
意匠法	意匠法の保護対象と登録要件	7
	意匠登録を受けるための手続き	4
	意匠権の管理と活用	1
	意匠権の侵害と救済	2
	全般	1
商標法	商標法の保護対象と登録要件	11
	商標登録を受けるための手続き	−
	商標権の管理と活用	7
	商標権の侵害と救済	5
	全般	3
条約	パリ条約	2
	特許協力条約（PCT）	6
	その他の条約	−
	全般	2
著作権法	著作権法の目的と著作物	7
	著作者	1
	著作者人格権	2
	著作（財産）権	5
	著作権の制限	25
	著作隣接権	1
	著作権の侵害と救済	−
	全般	−
その他の知的財産に関する法律	不正競争防止法	−
	民法	1
	独占禁止法	1
	種苗法	5
	弁理士法	−
	その他	1

（問）2 4 6 8 10 12 14 16 18 20 22 24

特許法・
実用新案法

1.特許法の目的と保護対象

重要Point

・特許権を有する者（またはその許諾を受けた者）のみが**特許発明**を**実施**できる

・特許権は，特許出願をしたのち，**実体審査**を経て設定登録されると発生する

・特許法の目的は，**発明**の**保護**および**利用**を図ることにより，発明を奨励し，もって**産業の発達**に寄与することである

・発明とは，**自然法則**を利用した**技術的思想**の**創作**のうち**高度**のものをいう

自然法則それ自体 自然法則に反するもの 自然法則を利用していないもの	エネルギー保存の法則,万有引力の法則 永久機関 計算方法,コンピュータ言語
第三者に伝達できる客観性がないもの 情報の単なる伝達 単なる美的創作物	熟練した職人技,個人の技能 デジタルカメラで撮影された画像データ, 操作方法マニュアル 絵画,彫刻
単なる発見	鉱石,新種の植物

・発明には，**物**の発明と**方法**の発明（物を生産する方法の発明を含む）がある

学科問題

1 **（39回　学科　問15）**

ア～ウを比較して，特許法で規定される，産業上利用することができる発明に関して，最も**不適切**と考えられるものはどれか。

ア　実際上，明らかに実施できない発明は，産業上利用することができる発明には該当しない。

イ　産業上利用することができる発明は，工業的に生産することができる必要がある。

ウ　人間を手術する際に使用する手術用器具は，産業上利用することができる発明に該当する。

解答解説

1

正解: イ

ア　適切

現実的に，明らかに実施できない発明は，産業上利用することができる発明には該当しません(特許・実用新案審査基準　第Ⅲ部　第1章　3.1.3)。

イ　不適切

産業上利用することができる発明は，工業的に生産することができる発明に限らず，工業的に生産することができる発明に該当しない運輸業や通信業等において利用可能な発明も含まれます。したがって，産業上利用することができる発明に該当するうえで，工業的に生産することができる必要はありません。

ウ　適切

人間を手術する際に使用する手術用器具は，産業上利用することができる発明に該当します(特許・実用新案審査基準　第Ⅲ部　第1章　3.2.1 (1))。

2

（42回　実技　問17）

化学品メーカーX社は，新規な化学品A及び化学品Aの製造方法を開発し，化学品Aの製造方法につき特許出願するか否かについて検討している。**ア～ウ**を比較して，X社の知的財産部の部員の発言として，最も適切と考えられるものはどれか。

ア「化学品Aの製造方法に係る発明は，いわゆる方法のカテゴリーの発明であり，特許を受けることはできません。」

イ「化学品Aの製造方法により製造した化学品Aの販売は，化学品Aの製造方法に係る発明の実施に該当します。」

ウ「化学品Aに係る発明について特許出願すれば，化学品Aの製造方法に係る発明はノウハウとして自動的に保護されるので，化学品Aの製造方法について特許出願をする必要はありません。」

解答解説

2 　　**正解：イ**

ア　不適切

特許法の保護対象である発明には，方法の発明が含まれます（特２条３項２号）。したがって，化学品Ａの製造方法に係る発明は，方法のカテゴリーの発明として特許を受けることができます。

イ　適切

物の生産方法の発明についての実施行為には，その生産方法を使用することのほかに，その方法によって生産された物の使用や譲渡等が含まれます（特２条３項３号）。したがって，化学品Ａの製造方法により製造した化学品Ａの販売は，化学品Ａの製造方法に係る発明の実施に該当します。

ウ　不適切

ある物の発明について特許出願したとしても，その物の製造方法に係る発明がノウハウとして自動的に保護されるわけではありません。したがって，化学品Ａの製造方法を保護するためには，ノウハウとして保護するか，あるいは特許権を取得するかを決めたうえで，特許権を取得する場合には特許出願を行う必要があります。一方，ノウハウとして保護する場合には，ノウハウに該当する情報を秘密として管理するなど，一定の条件を満たす必要があります（不競２条６項）。

2.特許要件

重要Point

・特許を受けるための要件(特許要件)

産業上利用できる発明であること (**産業上利用可能性**)	特許法でいう産業には,製造業以外の鉱業,農業,漁業,通信業なども含まれる
新しい発明であること (**新規性**)	特許出願前に公然知られた発明 特許出願前に公然実施された発明 特許出願前に頒布された刊行物に記載された発明,または電気通信回線を通じて公衆に利用可能となった発明ではないこと
容易に思いつく発明ではないこと (**進歩性**)	特許出願時に当業者が容易に発明できるものではないこと
先に出願されていないこと (**先願主義**)	同日に同じ発明について二以上の出願があった場合は,特許庁長官より協議命令が出され,その協議で定められた一の特許出願人が特許を受けることができる。協議が不成立もしくは協議自体ができなかったときは,いずれの特許出願人も特許を受けることができない
公序良俗に反する発明や **公衆衛生**を害する発明ではないこと	

学科問題

3 (40回　学科　問13)

ア～ウを比較して,発明の進歩性に関して,最も**不適切**と考えられるものはどれか。

ア 進歩性の判断に際しては,出願前に頒布された刊行物に記載された発明のみならず,出願前に電気通信回線を通じて公衆に利用可能となった発明も審査の資料として用いられる。

イ 当業者とは,その発明の属する技術分野における高度な知識を有する者をいう。

ウ 進歩性の判断時は,新規性の判断時と同様に特許出願時である。

解答解説

3 **正解: イ**

ア　適切

進歩性判断の際に引用できる発明は，特許法29条1項1号～3号に規定された発明になります（特29条2項）。ここで，特許法29条1項3号には，特許出願前に頒布された刊行物に記載された発明と共に，特許出願前に電気通信回線を通じて公衆に利用可能となった発明が規定されています。

イ　不適切

当業者とは，その技術分野における通常の知識を有する者をいいます（特29条2項）。

ウ　適切

特許出願前の時点で新規性を失っている発明（特29条1項各号），及び特許出願前の時点で進歩性を欠如した発明は，特許を受けることができません（特29条2項）。つまり，新規性及び進歩性の判断時は，いずれも特許出願時となります。

学科問題

4

(37回　学科　問15)

ア～ウを比較して，同一の発明について同日に二つの特許出願があったときについて，最も適切と考えられるものはどれか。

ア　先に発明を完成した特許出願人が特許を受けることができる。
イ　先に出願審査請求がされた特許出願の特許出願人が特許を受けることができる。
ウ　特許出願人の協議により定めた特許出願人のみが特許を受けることができるが，協議が成立せず，又は協議をすることができないときには，いずれの特許出願人も特許を受けることができない。

5

(43回　学科　問2)

ア～ウを比較して，特許法に規定する先願主義に関する次の文章の空欄 [1] に入る語句として，最も適切と考えられるものはどれか。

先願主義とは，同一の発明について異なった日に二以上の特許出願があったときに，最先の特許出願人のみがその発明について特許を受けることができることをいう。但し，同日に同じ発明について二以上の特許出願があったときは，[1] のみがその発明について特許を受けることができる。

ア　特許庁長官が行う公正な方法によるくじにより定めた一の特許出願人
イ　特許出願人の協議により定めた一の特許出願人
ウ　時間的(時刻までを考慮して)に最先の特許出願人

解答解説

4

正解: ウ

同一の発明について同じ日に二以上の特許出願があったときは，特許出願人の協議により定めた一の特許出願人のみが，その発明について特許を受けることができます（特39条２項前段）。

ア　不適切

先に発明を完成した特許出願人が特許を受けられるのではなく，協議により定めた一の特許出願人のみが特許を受けることができます。

イ　不適切

先に出願審査請求がされた特許出願の特許出願人が特許を受けられるのではなく，協議により定めた一の特許出願人のみが特許を受けることができます。

ウ　適切

同一の発明について同じ日に二以上の特許出願があったときは，特許出願人の協議により定めた一の特許出願人のみが，その発明について特許を受けることができます。

なお，協議が成立しない場合や協議自体ができない場合には，いずれの特許出願人も特許を受けることができません（特39条２項後段）。

5

正解: イ

特許法は先願主義を採用しており，同じ発明について異なった日に二以上の特許出願があったときには，最先の特許出願人のみが特許を受けることができます（特39条１項）。

また，同日に同一の発明について二以上の特許出願があったときは，「特許出願人の協議により定めた一の特許出願人」のみが，その発明について特許を受けることができます（特39条２項前段）。

6 ~ 11

（34回　実技　問1～問6）

甲は独自に創作した発明Ａについて，2019年10月10日午後４時に特許出願Ｐをした。一方，**乙**は独自に創作した発明Ａと同じ発明について，2019年10月3日にドイツで開催された国際展示会においてドイツ語で口頭発表をした。また，**丙**は独自に創作した発明Ａと同じ発明について，2019年４月１日に特許出願Ｑを行い，特許出願Ｑは，早期審査を経て登録され，2019年10月30日に特許掲載公報が発行された。更に，**丁**は独自に創作した発明Ａと同じ発明について，2019年10月10日午前10時に自分の開設しているインターネット上のホームページで発表した。

以上を前提として，**問１～問６**に答えなさい。

6 特許出願Ｐについて，**乙**の行為により拒絶されないと考えられる場合は「○」と，拒絶されると考えられる場合は「×」と答えなさい。

7 問６において，拒絶されない又は拒絶されると判断した理由として，最も適切と考えられるものを【理由群Ⅰ】の中から１つだけ選びなさい。

【理由群Ⅰ】

ア　乙の行為により，特許出願Ｐに係る発明は新規性を喪失するため

イ　乙の行為は外国における発表であり，特許出願Ｐに係る発明は新規性を喪失しないため

ウ　乙の行為は外国語の口頭による発表であり，特許出願Ｐに係る発明は新規性を喪失しないため

8 特許出願Ｐについて，**丙**の行為により拒絶されないと考えられる場合は「○」と，拒絶されると考えられる場合は「×」と答えなさい。

9 問８において，拒絶されない又は拒絶されると判断した理由として，最も適切と考えられるものを【理由群Ⅱ】の中から１つだけ選びなさい。

【理由群Ⅱ】

ア 特許出願Ｐに対して，特許出願Ｑは拡大された先願の地位を有さないため

イ 特許出願Ｐに対して，特許出願Ｑは先願の地位を有するため

ウ 特許出願Ｑにより，特許出願Ｐに係る発明は新規性を喪失するため

10 特許出願Ｐについて，**丁**の行為により拒絶されないと考えられる場合は「○」と，拒絶されると考えられる場合は「×」と答えなさい。

11 問10において，拒絶されない又は拒絶されると判断した理由として，最も適切と考えられるものを【理由群Ⅲ】の中から１つだけ選びなさい。

【理由群Ⅲ】

ア 特許出願Ｐと**丁**の行為は同日であり，特許出願Ｐに係る発明は新規性を喪失しないため

イ 特許出願Ｐと**丁**の行為は同日であり，特許出願Ｐに対して特許庁審査官から補完命令がされるため

ウ 特許出願Ｐの出願時が，**丁**の行為よりも時間的に遅いので，特許出願Ｐに係る発明は新規性を喪失するため

6　　正解: ×(拒絶される)

7　　正解: ア

特許を受けるための要件として，まだ世の中に知られておらず客観的に新しい発明であること，すなわち「新規性」を有していることが必要です（特29条1項)。そして，新規性の地理的な判断基準は「世界」を基準としています。つまり，日本国内で知られた発明だけではなく，外国で知られた発明であっても新規性は喪失します。さらに，日本語以外の言語で公開された場合であっても，新規性は喪失します。本問では，発明Aはドイツにおいて，ドイツ語で国際展示会において口頭で発表したことにより，特許出願Pの出願日前に公知になっていますので，新規性がなく特許を受けることはできません。したがって，乙の行為により特許出願Pは拒絶されると考えられます。

8　　正解: ×（拒絶される)

9　　正解: イ

特許出願Pの出願時点においては，特許出願Qは公開されていないので，公知とはいえず新規性では拒絶されません（特29条1項)。しかし，特許法では，同一の発明について異なる日に出願された場合には，最先の特許出願人のみがその発明について特許を受けることができると規定されています（特39条1項)。本問では，特許出願Pと特許出願Qは同一の発明Aについての出願であるため，最先の出願である特許出願Qが先願の地位を有します。したがって，丙の行為により特許出願Pは拒絶されると考えられます。

10 **正解: ×（拒絶される）**

11 **正解: ウ**

新規性の時期的な判断基準は「出願時」を基準としています（特29条１項各号）。本問では，特許出願Ｐの出願時点である2019年10月10日午後４時よりも前の同日午前10時に，丁によりインターネット上のホームページで発明Ａについて発表されているため，特許出願Ｐは新規性を喪失しています。よって，丁の行為により，特許出願Ｐは拒絶されると考えられます。

3.特許出願の手続き

重要Point

・発明者は**自然人**に限られ，会社等の**法人**がなることはできない
・複数人が発明をした場合は，その各人が**共同発明者**となる
・会社の従業者が職務として発明した場合，原則として**職務発明**となり，特許を受ける権利はその従業者に帰属する
・特許出願は，**願書**に**明細書**，**特許請求の範囲**，**必要な図面**および**要約書**を添付し**特許庁長官**に提出する
・明細書の発明の詳細な説明は，**当業者**が，その発明を実施できる程度に**明確**かつ**十分**に記載しなければならない
・特許請求の範囲は，発明の詳細な説明に記載したもので，**請求項ごと**に**簡潔**に記載しなければならない
・**国内優先権**の主張を伴う特許出願に関する期間

出願	先の出願日から1年以内
出願公開	先の出願日から1年6カ月を経過したとき
出願審査請求	後の出願日から3年以内
存続期間	後の出願日から20年を経過するまで

学科問題

12　　**(41回　学科　問1)**

ア～ウを比較して，特許出願の際，必ずしも願書に添付しなくてもよい書類として，最も適切と考えられるものはどれか。

ア　要約書
イ　図面
ウ　明細書

解答解説

12

正解: イ

特許出願における願書には，明細書，特許請求の範囲，「必要な図面」及び要約書を添付しなければなりません（特36条２項）。つまり，図面は必要な場合に願書に添付すればよい書類です。

ア　不適切

特許出願における願書には，要約書を添付しなければなりません。

イ　適切

上述のとおり，図面は必要な場合に願書に添付すればよい書類です。したがって，発明の内容を文章で十分に説明できる場合には，必ずしも願書に図面を添付する必要はありません。

ウ　不適切

特許出願における願書には，明細書を添付しなければなりません。

13　　**(39回　学科　問22)**

ア～ウを比較して，特許法に規定する手続の期間に関して，最も**不適切**と考えられるものはどれか。

ア　国内優先権の主張を伴う特許出願は，先の特許出願の出願日から１年６カ月経過後に出願公開される。

イ　国内優先権の主張を伴う特許出願に係る特許権の存続期間は，先の特許出願の出願日から20年をもって終了する。

ウ　国内優先権の主張を伴う特許出願は，先の特許出願の出願日から１年以内に出願しなければならない。

解答解説

13

正解: イ

ア　適切

国内優先権の主張を伴う特許出願は，先の出願日から１年６カ月経過後に出願公開されます（特36条の２第２項かっこ書）。

イ　不適切

国内優先権の主張を伴う特許出願に係る特許権の存続期間は，先の出願日からではなく，後の出願日から20年をもって終了します（特41条２項の反対解釈）。

ウ　適切

国内優先権の主張を伴う特許出願は，先の出願日から１年以内に出願しなければなりません（特41条１項１号）。

14～19

(37回　実技　問1～問6)

中小企業の自動車用部品メーカーX社に勤務し，部品Aの開発を担当している技術者**甲**と**乙**とが会話1～3をしている。

会話1　**甲**「私が，新開発の部品Aに係る発明をしたので，特許出願の発明者の欄には私の名前を記載することになりますよね。」

乙「部品Aに係る発明は職務発明に該当し，X社を出願人として特許出願しますので，発明者は**甲**さんではなくX社となります。」

会話2　**甲**「総務部の人から特許出願をするための明細書を書くように言われましたが，特許庁の審査に通るためにはどのように書けばいいですか。」

乙「部品Aに係る発明の属する技術分野における通常の知識を有する者が，その発明を理解することができる程度に明確かつ十分に記載する必要があります。」

会話3　**甲**「部品Aに係る発明は，部品Aの製造方法に関するもので，文章で十分に説明することができて理解も容易なのですが，それでも図面や要約書を作成する必要がありますか。」

乙「特許出願の願書には図面及び要約書を必ず添付しなければならないので作成してください。」

以上を前提として，**問14～問19**に答えなさい。

14 会話１について，適切と考えられる場合は「○」と，不適切と考えられる場合は「×」と答えなさい。

15 問14において，適切又は不適切であると判断した理由として，最も適切と考えられるものを【理由群Ⅰ】の中から１つだけ選びなさい。

【理由群Ⅰ】

ア 発明は，人間の創作活動により生み出されるものであり，発明者は自然人に限られるため

イ 職務発明については，出願人が発明者の勤務先の会社となる場合には発明者もその会社となるため

ウ 職務発明については，いわゆる予約承継がされている場合には，出願人とは無関係に，発明者の勤務先の会社が発明者となるため

16 会話２について，適切と考えられる場合は「○」と，不適切と考えられる場合は「×」と答えなさい。

17 問16において，適切又は不適切であると判断した理由として，最も適切と考えられるものを【理由群Ⅱ】の中から１つだけ選びなさい。

【理由群Ⅱ】

ア 発言の内容の通りであるため

イ 部品Ａの発明の属する技術分野における最先端の知識を有する者が，その発明を理解できる程度に明確かつ簡潔に記載する必要があるため

ウ 部品Ａに係る発明の属する技術分野における通常の知識を有する者が，その発明の実施をすることができる程度に明確かつ十分に記載する必要があるため

実技問題

18 会話３について，適切と考えられる場合は「○」と，不適切と考えられる場合は「×」と答えなさい。

19 問18において，適切又は不適切であると判断した理由として，最も適切と考えられるものを【理由群Ⅲ】の中から１つだけ選びなさい。

【理由群Ⅲ】

ア 発言の内容の通りであるため

イ 要約書は願書の必須添付書面ではないが，図面は願書の必須添付書面であるため

ウ 図面は願書の必須添付書面ではないが，要約書は願書の必須添付書面であるため

解答解説

14　**正解: ×（不適切）**

15　**正解: ア**

発明は人間の創作活動によって生み出されるため，発明者は「自然人」に限られ，会社等の法人が発明者となることはできません。したがって，X社を発明者として特許出願することはできません。

16　**正解: ×（不適切）**

17　**正解: ウ**

明細書の「発明の詳細な説明」は，その発明の属する技術分野における通常の知識を有する者（いわゆる当業者）が，その発明を理解できる程度ではなく，その実施をすることができる程度に明確かつ十分に記載しなければなければなりません（特36条４項１号）。

18　**正解: ×（不適切）**

19　**正解: ウ**

特許出願における願書には，明細書，特許請求の範囲，「必要な図面」及び要約書を添付しなければなりません（特36条２項）。すなわち，要約書は願書の必須添付書面ですが，図面は願書の必須添付書面ではありません。

4.特許出願後の手続き

重要Point 

- 特許出願は出願日から**1年6カ月**が経過すると，**公開特許公報**に掲載され，出願内容が**公開**される
- 特許出願人は，出願内容を早期に公開することを請求できる。ただし，公開の請求は取り下げることができない
- 出願審査請求は，出願日から**3年以内**に請求しなければならない
- 一定の条件に該当する場合には，**早期審査制度**や**優先審査制度**を利用することで，優先的に審査を受けられる場合がある
- **補正**により出願当初の明細書等に記載されていない事項を追加することは禁止されている
- 特許出願は実用新案登録出願や意匠登録出願に**変更**することはできるが，商標登録出願には変更できない
- 拒絶査定不服審判の請求と同時に，出願内容を**補正**・**分割**することができ，補正があったときは，拒絶査定をした審査官により再度審査される。これを**前置審査**という
- 拒絶査定不服審判の審理の結果（拒絶審決）に不服がある場合は，**東京高等裁判所**（**知的財産高等裁判所**）に拒絶審決の取り消しを求めて**審決取消訴訟**を提訴することができる

学科問題

20　　**（40回　学科　問8）**

ア～ウを比較して，特許出願についての出願審査の請求に関して，最も**不適切**と考えられるものはどれか。

ア　特許出願人以外の第三者は，出願審査の請求をすることができる。
イ　特許出願人のみが，出願審査の請求の取下げをすることができる。
ウ　出願審査の請求がされなければ特許出願の審査は行われない。

解答解説

20

正解：イ

ア　適切

特許出願日から３年以内であれば，何人でも出願審査請求を行うことができます（特48条の３第１項）。したがって，特許出願人以外の第三者が出願審査請求をすることができます。

イ　不適切

特許出願人であっても，出願審査請求を取り下げることはできません（特48条の３第３項）。

ウ　適切

特許出願の審査は，その特許出願についての出願審査請求を待って行われます（特48条の２）。つまり，出願審査請求をしなければ特許出願の審査は行われません。

学科問題

21

(41回　学科　問15)

ア～ウを比較して，特許法に規定される出願審査請求の手続に関して，最も適切と考えられるものはどれか。

ア　出願審査請求した後に，出願審査請求を取り下げることはできない。
イ　出願日から１年６カ月経過前は出願審査請求をすることはできない。
ウ　出願人及び利害関係人以外の者は出願審査請求をすることはできない。

22

(37回　学科　問20)

ア～ウを比較して，特許出願の実体審査において，その特許出願前に公開された特許公報に記載された発明に基づき容易に発明することができたという拒絶理由通知を受けた出願人がとり得る措置として，最も適切と考えられるものはどれか。

ア　不服審判を請求する。
イ　手続補正書を提出する。
ウ　答弁書を提出する。

解答解説

21

正解: ア

ア　適切

出願審査請求は，いったん請求すると，それを取り下げることができません（特48条の３第３項）。

イ　不適切

出願審査請求は，特許出願の日から３年以内に行うことができるので，出願日から１年６カ月経過後であっても３年を経過する前であれば請求することができます（特48条の３第１項）。

ウ　不適切

何人も，特許出願日から３年以内であれば，出願審査請求を行うことができます（特48条の３第１項）。したがって，出願人及び利害関係人以外の者であっても，出願審査請求を行うことができます。

22

正解: イ

ア　不適切

拒絶査定を受けた場合，その査定に不服があるときは，拒絶査定不服審判を請求することができます（特121条１項）。しかし，拒絶理由通知を受けた場合においては，拒絶査定不服審判を請求することはできません。

イ　適切

その特許出願前に公開された特許公報に基づき容易に発明することができたという拒絶理由（すなわち進歩性違反の拒絶理由）が通知されたときの対応としては，手続補正書を提出して，特許請求の範囲を限定する補正を行うことで，拒絶理由が解消する可能性があります（特17条の２第１項１号，３号）。

ウ　不適切

拒絶理由通知を受けた場合は，出願人がとり得る措置として，答弁書ではなく，意見書を提出することができます（特50条）。なお，答弁書は，特許無効審判等の審判が請求された場合に，その審判の被請求人が提出することができる書類です（特134条１項）。

実技問題

23　　**(39回　実技　問25)**

靴メーカーX社の知的財産部の部員は，Y社が新規な製品Aを開発し，スポーツシューズ事業に新たに参入したことに関する新聞発表の記事Bを読んだ。スポーツシューズ事業は，X社が多くの企業と競合しつつ継続している事業分野である。**ア～ウ**を比較して，部員の対応として，最も適切と考えられるものはどれか。

ア　記事Bを調査し，製品AがX社の特許権の権利範囲に属する可能性のあるものを抽出するとともに，まだ審査されていない特許出願については，出願当初の明細書等の範囲内で特許請求の範囲に製品Aが含まれるように補正することとした。

イ　記事Bを調査し，製品AがX社の特許権の権利範囲に属する可能性のあるものを抽出するとともに，存続期間が満了した特許権については，存続期間の延長登録出願をすることとした。

ウ　記事Bを調査し，製品AがX社の特許権の権利範囲に属する可能性のあるものを抽出するとともに，製品Aが明細書には記載されているが特許請求の範囲には記載されていない新たな発明については，訂正審判を請求して特許請求の範囲に追加することとした。

解答解説

23　　**正解: ア**

ア　適切

特許出願人は，原則として特許査定の謄本送達前であれば，出願当初の明細書等に記載された範囲内で補正をすることができます（特17条の2第1項，第3項）。したがって，まだ審査されていない特許出願について，出願当初の明細書等の範囲内で特許請求の範囲に製品Aが含まれるように補正することは可能です。そして，補正後の内容で特許された場合には，Y社が製品Aを製造販売する行為に対して特許権を行使できるので，Y社の製品Aが含まれるように補正することは適切です。

イ　不適切

特許出願の日から5年を経過した日，又は出願審査請求があった日から3年を経過した日以降に特許権が設定登録された場合には，所定の期間内に，存続期間の延長登録出願をすることができます（特67条2項，3項）。しかし，存続期間が満了した特許権については，存続期間の延長登録出願をすることができません（特67条の2第3項ただし書）。

ウ　不適切

訂正審判では，実質上特許請求の範囲を拡張したり，変更することができません（特126条6項）。したがって，明細書に記載されているが特許請求の範囲に記載されていない発明を，訂正審判を請求して特許請求の範囲に追加することはできません。

5.特許権の管理と活用

重要Point

- 特許権は，特許査定の謄本送達日から**30日以内**に**第1年**から**第3年**までの特許料を納付すると**設定登録**がなされ権利が発生する
- 4年目以降も特許権を維持するためには，**前年以前**に特許料を納付しなければならない。ただし，特許料の納付期限が経過した後でも**6カ月以内**であれば，追納することができる
- 特許権の存続期間は特許**出願の日**から**20年間**で終了する。例外として，一定の場合に，**存続期間**を**延長**できる場合がある
- **専用実施権**は，特許庁に**登録**しなければ効力は発生しないが，**通常実施権**は当事者間の契約のみで効力が発生する
- 特許権が**共有**に係る場合，他の**共有者**の**同意**がなければ，専用実施権の設定や通常実施権の許諾，自己の持分を譲渡することはできない
- 職務発明について従業者が自ら特許権を得た場合には，会社側には**通常実施権**が認められる

学科問題

24　　**（38回　学科　問24）**

ア～ウを比較して，特許権の発生に関して，最も適切と考えられるものはどれか。

ア　特許権は，設定の登録により発生する。
イ　特許権は，特許査定の謄本の通知により発生する。
ウ　特許権は，特許公報の発行により発生する。

解答解説

24 **正解: ア**

実体審査を経て特許査定となっても，それだけで特許権は発生しません。特許査定の謄本が送達された日から30日以内に，第１年から第３年分の特許料を納付した後に，特許権の設定の登録がなされ，その設定の登録により特許権が発生します(特66条１項，２項，108条１項)。

学科問題

25 **（40回　学科　問25）**

ア～ウを比較して，特許権に係る契約に関して，最も適切と考えられるものはどれか。

ア　特許権が共有に係るときは，各共有者は，他の共有者の同意を得なくとも，自己の持分を譲渡することができる。
イ　特許権者は，自己の特許権の全範囲について，専用実施権を設定したときには，特許発明を実施できない。
ウ　特許権者は，内容，地域，期間を限定して他人に通常実施権を許諾することはできない。

26 **（39回　学科　問13）**

ア～ウを比較して，特許庁に登録しなければ効力を生じない実施権に関して，最も適切と考えられるものはどれか。

ア　許諾による通常実施権
イ　職務発明による通常実施権
ウ　専用実施権

解答解説

25

正解: イ

ア　不適切

特許権が共有に係るとき，各共有者は，他の共有者の同意を得なければ，自己の持分を譲渡することができません(特73条1項)。

イ　適切

特許権者であっても，自己の特許権の全範囲について，専用実施権を設定したときには，特許発明を実施することができなくなります(特68条ただし書)。

ウ　不適切

通常実施権は，内容，地域及び期間を限定して許諾することができます(特78条1項)。

26

正解: ウ

ア　不適切

許諾による通常実施権は，契約当事者の合意のみで成立し，登録しなくても効力が発生します(特78条2項)。

イ　不適切

従業者等が職務発明について特許を受けた場合，その使用者等には，職務発明による通常実施権が与えられ，その効力は，登録しなくても発生します(特35条1項)。

ウ　適切

専用実施権の設定は，登録しなければ，その効力が発生しません（特98条1項2号)。

実技問題

27　　　　　　　　　　　　　　　　　　　　　　**(39回　実技　問27/改)**

大企業である電機メーカーX社は，自社の発明について特許出願（請求項の数は3）をしたところ，出願内容について補正することなく特許査定の謄本が送達された。この場合，設定登録を受けるために納付すべき特許料は何円か，算用数字で答えなさい。

特許料（特許法第107条第1項による）

各年の区分	金額
第一年から第三年まで	毎年4,300円に一請求項につき300円を加えた額
第四年から第六年まで	毎年10,300円に一請求項につき800円を加えた額
第七年から第九年まで	毎年24,800円に一請求項につき1,900円を加えた額
第十年から第二十五年まで	毎年59,400円に一請求項につき4,600円を加えた額

解答解説

27 **正解: 15,600円**

特許権の設定登録を受けるにあたり，特許出願人は，第１年から第３年までの各年分の特許料を一時に納付する必要があります（特66条２項）。また，各年分の特許料は，それぞれ，4,300円に一請求項につき300円を加えた金額となります（特107条１項）。本問では，請求項が３つなので，設定登録を受けるために納付する特許料は，{4,300円＋300（円／請求項）×３（請求項数）}×３（年）＝15,600円となります。

6.特許権の侵害と救済

重要Point

・特許権の権利範囲(特許発明の**技術的範囲**)は，願書に添付された**特許請求の範囲**の記載に基づいて定められる
・特許権侵害とは正当な権原なく特許発明を実施することをいい，**試験**または**研究**のための実施や特許権が**消尽**している場合は，特許発明を実施しても特許権侵害にはあたらない
・特許権を侵害した場合には，10年以下の**懲役**もしくは1000万円以下の**罰金**が**刑事罰**として科され，場合によって，その両方が適用されることもある
・特許料の未納による特許権の**消滅**，譲渡による特許権の**移転**等は，**特許原簿**で確認する必要がある
・特許権に**無効理由**がある場合は，無効となるべき権利を行使することはできない旨を，訴訟のなかで主張することができる
・一定の無効理由を除き，特許無効審判は**利害関係人に限り**請求することができる
・特許掲載公報の発行日から**6カ月以内**であれば，**誰でも**，**特許異議の申立て**をすることができる

学科問題

28　　**(40回　学科　問21)**

ア～ウを比較して，特許出願についての出願公開の請求又は特許掲載公報の発行に関して，最も適切と考えられるものはどれか。

ア　公開特許公報の発行前であれば，出願公開の請求を取り下げることができる。
イ　特許掲載公報の発行の日から6カ月以内であれば，特許異議の申立てをすることができる。
ウ　何人も出願公開の請求をすることができる。

解答解説

28

正解：イ

ア　不適切

出願公開の請求は，たとえ公開特許公報の発行前であったとしても，取り下げることができません(特64条の2第2項)。

イ　適切

何人も，特許掲載公報の発行の日から6カ月以内であれば，その特許について特許異議の申立てをすることができます(特113条)。

ウ　不適切

出願公開の請求は，その特許出願の出願人のみが行うことができます（特64条の2第1項柱書)。

実技問題

29 **(39回　実技　問16)**

化粧品メーカーX社は製品Aを製造販売している。X社は，競合メーカーY社の製品Bをターゲットにして，製品Aの製造方法に係るX社の特許権Pの権利行使について社内会議をしていた。**ア〜ウ**を比較して，X社の社員の発言として，最も**不適切**と考えられるものはどれか。

ア「特許権Pは製品Aの製造方法に係る発明であり，わが社は製品A自体についての特許権を取得していないので，たとえ製品Bの製造方法が特許権Pを侵害するものであっても，製品Bに対して，特許権Pに基づいて権利行使をすることはできないと思います。」

イ「わが社は，特許権Pの出願日の3カ月前に製品Aに係る発明の内容を新聞で発表し新規性喪失の例外手続をして特許出願をしました。製品Bの発売日はその新聞発表日の後ですが特許権Pの出願日前ですので，製品Bに対して，特許権Pに基づいて権利行使をすることはできないと思います。」

ウ「Y社の製品Bは韓国で生産されて米国で販売されていますので，製品Bに対して，日本の特許権である特許権Pに基づいて権利行使をすることはできないと思います。」

解答解説

29

正解: ア

ア　不適切

物の生産方法の発明について取得した特許権の効力は，その方法によって生産された物を使用や譲渡等する行為にまで及びます（特2条3項3号，68条）。したがって，製品Ａの製造方法に係る発明について取得した特許権Ｐに基づいて製品Ｂに対して権利行使できないとする発言は不適切です。

イ　適切

新聞発表した発明について新規性喪失の例外手続をして特許出願したとしても，出願日は，実際に特許出願を行った日であり，新聞発表の日にはさかのぼりません。一方，製品Ｂの発売日は，特許権Ｐに係る特許出願が実際に行われた日よりも前ですので，Ｙ社は製品Ｂについて先使用権を有していると考えられます（特79条）。したがって，特許権Ｐに基づいてＹ社の製品Ｂに対して権利行使することはできないとする発言は適切です。

ウ　適切

属地主義の原則により，特許権を行使することができるのは，その権利を取得した国のみとなります。したがって，日本の特許権である特許権Ｐに基づいて，他国における製品Ｂの生産や販売に対して権利行使できないとする発言は適切です。

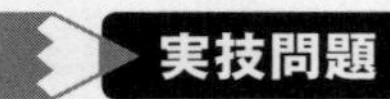

実技問題

30 **（38回　実技　問15）**

自転車メーカーX社は，自動照明点灯機能に関する発明について特許権Pを保有している。自転車メーカーY社は，X社から「Y社の自動照明点灯機能付き自転車Aの販売は，特許権Pの侵害である」とした警告書を受け取った。Y社の知的財産部の部員がその警告書の内容について検討している。**ア～ウ**を比較して，部員の発言として，最も**不適切**と考えられるものはどれか。

ア「自転車Aの販売が特許権Pを侵害しないように，自動照明点灯機能の搭載中止を検討しましょう。」

イ「自転車Aは東京都においてのみ販売されています。一方，X社の自転車は四国地方でのみ販売されています。特許権の効力は，特許権者の販売地域にのみ及ぶことから，自転車Aの販売が特許権Pを侵害する可能性はありません。」

ウ「自転車Aは自動照明点灯機能を有しています。自転車Aにとって，自動照明点灯機能は主要な機能ではありませんが，自転車Aの販売が特許権Pを侵害する可能性はあります。」

解答解説

30 **正解: イ**

ア　適切

設計変更をすることで，他社の特許権を侵害することを回避することができるため，他社との無用な紛争を避けることができます。したがって，侵害製品である自動照明点灯機能の搭載中止を検討することは有用です。

イ　不適切

日本で発生した特許権は，その特許権の実施地域とは関係なく，日本国内において効力を有します。したがって，Ｙ社による販売行為が東京都のみであっても，Ｘ社の特許権Ｐの侵害となります。

ウ　適切

たとえ自転車Ａにとって，自動照明点灯機能が主要な機能でなくても，その自動照明点灯機能が特許発明の技術的範囲に属していれば，Ｘ社の特許権Ｐの侵害となります。

実技問題

31

(41回　実技　問19)

スポーツ用品メーカーX社は，特殊な素材を使用したランニング用のウェアAを，インターネットを通じて販売している。同業他社のY社から，ウェアAの販売がY社の特許権Pを侵害しているとして，ウェアAの販売の中止を求める警告書がX社に届いた。**ア～ウ**を比較して，X社の考えとして，最も適切と考えられるものはどれか。

ア　ウェアAは，X社が独自に技術開発し，Y社の特許権Pに係る特許出願より前に，実施の準備をしていたので，X社は先使用による通常実施権を有する旨を回答する。

イ　インターネットを通じてウェアAを販売する行為は，物の販売には該当しないので，特許権Pの侵害にはならない旨を回答する。

ウ　X社は，Y社の特許技術と同様の技術を独自に開発し，Y社による特許出願より前にインターネット上で公開しており，X社の行為は特許権Pの侵害には該当しないので，警告書に対してその旨を回答することを含めて何ら対応する必要はない。

解答解説

31

正解: ア

ア　適切

X社がランニング用のウェアAを独自に開発し，Y社の特許権Pに係る特許出願より前に，実施の準備をしていた場合，X社は先使用による通常実施権を有することになります（特79条）。この場合，X社はY社からの警告書に対して，先使用による通常実施権を有する旨を回答することができます。

イ　不適切

権原なき第三者が無断で特許発明を実施することは，特許権の侵害行為に該当します（特68条）。ここで，特許発明が物の発明である場合，その物を販売する行為は，販売方法を問わず，特許発明の実施に該当します（特2条3項1号）。したがって，インターネットを通じてウェアAを無断で販売する行為は，Y社の特許権Pの侵害に該当する場合があります。

ウ　不適切

X社がY社の特許発明と同様の技術を独自に開発し，さらにY社による特許出願より前にインターネット上で公開されていた場合には，Y社が受けた特許には無効理由が存在することになります。その場合，Y社から侵害訴訟を提起されたとしても，特許権の行使が制限される可能性があります（特104条の3第1項）。一方，Y社に対して回答をしない場合，Y社から侵害訴訟を提起されることが考えられ，少なくとも侵害訴訟が提起された場合に備えておく必要があるため，何ら対応する必要はないとするX社の考えは適切ではありません。

7.実用新案法

重要Point

- 実用新案法の保護対象は，**自然法則**を利用した**技術的思想**の**創作**であるいわゆる**考案**を保護するものであり，**方法の考案**は保護を受けることができない
- 実用新案権の存続期間は，**出願日**から**10年**で終了する
- 実用新案登録出願では，**新規性**や**進歩性**などの実体的な要件について，特許庁において審査を受けることなく設定登録される
- 実用新案権者が権利行使をする場合は，**実用新案技術評価書**を相手方に提示して警告しなければならない

学科問題

32 **（41回　学科　問19）**

ア〜ウを比較して，実用新案法に関する次の文章の空欄 [1] に入る語句として，最も適切と考えられるものはどれか。

実用新案登録出願は，新規性や進歩性などの登録要件について実体審査がされないので早期に実用新案権が設定登録される。また，その存続期間は，[1] をもって終了する。

ア [1] ＝設定登録の日から10年
イ [1] ＝設定登録の日から15年
ウ [1] ＝出願日から10年

実技問題

33 **（38回　実技　問27）**

甲は，2019年12月10日に実用新案登録出願Aをし，2020年3月10日に実用新案登録を受けた。この場合，実用新案権の存続期間の満了日が属するのは西暦何年何月か答えなさい。

解答解説

32

正解: ウ

実用新案権の存続期間は，「出願日から10年」をもって終了します(実15条)。

解答解説

33

正解: 2029年12月

実用新案権の存続期間は，実用新案登録出願日から10年をもって終了します(実15条)。本問では，2019年12月10日に実用新案登録出願Aがなされていますので，当該実用新案権の存続期間の満了日が属するのは，「2029年12月」となります。

意匠法

8.意匠法の保護対象と登録要件

重要Point

・意匠とは，**物品**の**形状**，**模様**もしくは**色彩**もしくはこれらの**結合**，**建築物の形状等**または**画像**であって，**視覚**を通じて**美感**を起こさせるものをいう
・土地およびその定着物(不動産)やコンピュータの汎用モニター画面に表示されるアイコン，デザインコンセプトは意匠法でいう意匠に該当しない
・意匠登録を受けるための要件(登録要件)

①**工業上利用できる**意匠であること
②新しい意匠であること(**新規性**)
③容易に創作できる意匠ではないこと(**創作非容易性**)
④先に出願されていないこと(**先願主義**)
⑤登録を受けられない意匠に該当しないこと

学科問題

34　　**(36回　学科　問24)**

ア～ウを比較して，意匠登録の要件に関して，最も**不適切**と考えられるものはどれか。

ア　新規性
イ　創作非容易性
ウ　特別顕著性

解答解説

34　　**正解: ウ**

ア　適切

意匠法では，意匠登録の要件として，新規性が規定されています（意３条１項各号）。

イ　適切

意匠法では，意匠登録の要件として，創作非容易性が規定されています（意３条２項）。

ウ　不適切

意匠法では，意匠登録の要件として，特別顕著性は規定されていません。なお，特別顕著性は，商標登録の要件であり，具体的には，自己と他人の商品又は役務が区別できる識別力を有することです(商３条１項各号)。

学科問題

35 **(38回　学科　問30)**

ア～ウを比較して，意匠登録の要件に関して，最も適切と考えられるものはどれか。

ア 新規性喪失の例外規定の適用を受けるためには，意匠が公知となった日から30日以内に出願しなければならない。
イ 意匠登録出願前に外国において公然知られた意匠に類似する意匠については，新規性を有しないことを理由として意匠登録を受けることができない。
ウ 意匠登録出願後から意匠登録前までの間に日本国内において公然知られた形状等に基づいて当業者が容易に創作することができた意匠については，意匠登録を受けることができない。

36 **(39回　学科　問26)**

ア～ウを比較して，意匠登録を受けることができる意匠に該当するものとして，最も適切と考えられるものはどれか。

ア 意匠登録出願前に外国において公然知られた意匠に類似する意匠
イ 意匠登録出願後に日本国内において頒布された刊行物に記載された意匠
ウ 公の秩序又は善良の風俗を害するおそれがある意匠

解答解説

35

正解: イ

ア　不適切

新規性喪失の例外規定の適用を受けるためには，その意匠が公知となった日から１年以内に意匠登録出願をしなければなりません(意４条１項，２項)。

イ　適切

意匠登録出願前に，日本国内又は外国において公然知られた意匠に類似する意匠は，新規性がないため意匠登録を受けることができません(意３条１項３号)。

ウ　不適切

意匠登録出願前に，日本国内で公然知られた形状等に基づいて，当業者が容易に創作することができた意匠は，創作非容易性の要件を満たさないため，意匠登録を受けることができません(意３条２項)。ただし，意匠登録出願後の公然知られた形状等に基づいている場合には，それにより創作非容易性を否定されることはありませんので，意匠登録を受けることができる場合があります。

36

正解: イ

ア　不適切

意匠登録出願前に，日本国内又は外国において公然知られた意匠に類似する意匠は，新規性がないため意匠登録を受けることができません(意３条１項３号)。

イ　適切

意匠登録出願前に日本国内又は外国において，頒布された刊行物に記載された意匠，又は電気通信回線を通じて公衆に利用可能となった意匠は，新規性を喪失しているため，意匠登録を受けることができません(意３条１項２号)。

しかし，本問の意匠は，意匠登録出願後に頒布された刊行物によって公知となっているので，新規性を喪失していません。したがって，他の登録要件を満たしていれば，意匠登録を受けることができる意匠に該当します。

ウ　不適切

公の秩序又は善良の風俗を害するおそれがある意匠は，意匠登録を受けることができません(意５条１号)。

実技問題

37　　**（33回　実技　問14）**

ア～ウを比較して，意匠の登録要件に関して，最も**不適切**と考えられるものはどれか。

ア　意匠登録出願に係る置物の意匠が，北海道にある札幌市時計台のデザインに基づいた商慣習上のありふれた転用による意匠である場合には，当業者が容易に創作することができた意匠であるとして拒絶される。

イ　意匠登録出願に係る自転車の意匠が，意匠登録出願前に頒布された雑誌に掲載された自転車に係る意匠と類似する場合には，当業者が容易に創作することができた意匠であるとして拒絶される。

ウ　意匠登録出願に係るコンピュータの意匠が，意匠登録出願前にイギリスで発売されたコンピュータに係る意匠と同一である場合には，新規性のない意匠であるとして拒絶される。

解答解説

37 **正解: イ**

ア　適切

意匠登録出願前に，その意匠の属する分野における通常の知識を有する者が，日本国内又は外国において公然知られた形状，模様もしくは色彩又はこれらの結合に基づいて，容易に意匠の創作をすることができたときは，意匠登録を受けることができません(意３条２項)。したがって，北海道にある札幌市時計台のデザインに基づいた商慣行上のありふれた転用による意匠である場合には，当業者であれば容易に創作することができた意匠であるとして拒絶されます。

イ　不適切

意匠登録出願前に頒布された雑誌に掲載された意匠と類似する意匠は，新規性がなく，意匠登録を受けることができません(意３条１項３号)。

つまり，「当業者が容易に創作することができた意匠」ではなく，「新規性がない意匠」として拒絶されます。

ウ　適切

意匠登録出願前に日本国内又は外国において公然知られた意匠は，新規性がなく，意匠登録を受けることができません(意３条１項１号)。よって，意匠登録出願前にイギリスで発売されたコンピュータに係る意匠と同一であるコンピュータの意匠は，新規性のない意匠であるとして拒絶されます。

9.意匠登録を受けるための手続き

重要Point

- 意匠登録を受ける権利は，**自然人**にのみ与えられ，**法人**（会社など）には認められない
- 意匠登録出願は，**願書**に意匠を記載した**図面**を添付し，経済産業省令に定める物品の区分を記載したうえで出願しなければならない（**一意匠一出願の原則**）
- 意匠法には**出願公開制度**はなく，原則として，意匠は登録された後に，その内容が**公開**される
- 意匠登録出願では，審査を受けるために**出願審査請求**をする必要はない
- 補正では，出願当初の願書の記載や図面などの**要旨**を**変更**する**補正**は認められない
- 特殊な意匠登録出願には，**部分意匠**，**動的意匠**，**組物の意匠**，**内装の意匠**，**秘密意匠**がある

学科問題

38　　　　**（41回　学科　問17）**

ア～ウを比較して，意匠法上の制度に関する次の文章の空欄 [1] ～ [3] に入る語句の組合せとして，最も適切と考えられるものはどれか。

意匠法には，[1] や [2] の制度は存在しないが，[3] の制度は存在する。

ア　[1] ＝存続期間の更新登録
　　[2] ＝登録無効審判
　　[3] ＝補正却下決定不服審判
イ　[1] ＝出願公開
　　[2] ＝出願審査請求
　　[3] ＝拒絶査定不服審判
ウ　[1] ＝不使用取消審判
　　[2] ＝職務創作
　　[3] ＝技術評価

解答解説

38

正解：イ

本問において意匠法で規定されている制度は，拒絶査定不服審判（意46条），登録無効審判（意48条），補正却下決定不服審判（意47条），及び職務創作（意15条3項で準用する特35条）の４つです。

一方，意匠登録出願は出願審査請求を行わなくても，原則としてすべての出願が審査されるため，出願請求制度は規定されていません。また，意匠法では出願公開はなされず，意匠が設定登録されたのち，意匠登録公報が公開されることにより意匠が公開されるため，出願公開制度は規定されていません。

以上より，「意匠法には〔出願公開〕や〔出願審査請求〕の制度は存在しないが，〔拒絶査定不服審判〕の制度は存在する。」となります。

39

（36回　実技　問18）

食器メーカーX社は，コップAに関する意匠登録出願をしたところ，コップAと類似するコップBに係る刊行物を引用した拒絶理由通知を受け，X社の知的財産部の部員**甲**が権利化の方策を検討している。**ア～ウ**を比較して，**甲**の考えとして，最も適切と考えられるものはどれか。

ア　不服審判を請求する。
イ　意見書を提出する。
ウ　意匠登録出願を分割する。

解答解説

39　　**正解：イ**

意匠登録出願前に日本国内又は外国において，頒布された刊行物に記載された意匠と同一又は類似する意匠は，新規性がないため意匠登録を受けることができません(意3条1項2号，3号)。

ア　不適切

意匠登録出願人は，拒絶査定を受けた場合に，その査定に不服があるときは，拒絶査定不服審判を請求することができます（意46条1項)。本問では拒絶理由の通知を受けただけで，拒絶査定は受けていないので，拒絶査定不服審判を請求することはできません。

イ　適切

意匠登録出願人は，拒絶理由通知に対して反論するために，拒絶理由通知を受けた後，指定期間内に意見書を提出することができます（意19条で準用する特50条)。

ウ　不適切

意匠登録出願は原則として，意匠ごとに出願する必要があります(意7条)。また，二以上の意匠を包含する出願については，その一部を分割して，一又は二以上の新たな出願とすることができます（意10条の2)。本問の場合，コップAと類似するコップBに係る刊行物を引用した拒絶理由，すなわち新規性について拒絶理由の通知を受けているので，分割出願を行っても拒絶理由を解消することはできません。

実技問題

40 **(41回　実技　問26)**

容器メーカーX社は，新規な模様が描かれた容器Aについて意匠登録出願を検討している。**ア～ウ**を比較して，X社の知的財産部の部員**甲**の考えとして，最も適切と考えられるものはどれか。

ア　容器Aについて意匠登録出願をした場合，出願後，審査遅延制度の手続によって審査官の審査を遅らせることができる。

イ　容器Aについて意匠登録出願をした場合，出願後，秘密意匠の請求をすることができる場合はない。

ウ　容器Aについて意匠登録出願をした場合，出願後，当該意匠登録出願を商標登録出願へ出願変更をすることはできない。

41 **(39回　実技　問22)**

ア～ウを比較して，組物の意匠に関して，最も**不適切**と考えられるものはどれか。

ア　意匠の各構成物品に観念的に関連がある印象を与える模様が施されている物品について意匠登録出願された組物の意匠については，組物全体として統一があるとして登録が認められる場合がある。

イ　組物の意匠登録出願をする際に，提出書類として，図面の代わりに構成物品の実物の写真を提出してもよい。

ウ　発売予定の初心者入門用動画配信セット（携帯電話，ビデオカメラ，動画編集ソフト）について，出願人が任意に定めて組物の意匠として意匠登録を受けることができる。

解答解説

40

正解: ウ

ア　不適切

審査官の審査を遅らせるための審査遅延制度は，意匠法に規定されていません。

イ　不適切

秘密意匠の請求は，意匠登録出願と同時，又は第１年分の登録料の納付と同時に行うことができます（意14条２項）。

ウ　適切

意匠法は工業的に量産可能な物品のデザインを保護しています（意２条１項，３条１項柱書）。一方，商標法の保護対象は，商標を使用することにより化体した業務上の信用です（商１条）。つまり，商標法と意匠法では保護対象が異なるため意匠登録出願を商標登録出願に出願変更することはできません。

41

正解: ウ

ア　適切

組物の意匠として登録を受けるためには，組物全体として統一があると認められることが必要です（意８条）。意匠の各構成物品に観念的に関連がある印象を与える模様が施されている物品について意匠登録出願された組物の意匠は，組物全体として統一があるため（意匠審査基準　第Ⅳ部　第３章　3.3.3），新規性等の意匠登録の要件を満たせば，組物の意匠として登録が認められます。

イ　適切

意匠登録出願の願書には意匠登録を受けようとする意匠を記載した図面を添付する必要があります（意６条１項）。しかし，その図面に代えて，意匠登録を受けようとする意匠を現わした写真，ひな形又は見本を提出することができます（意６条２項）。よって，図面の代わりに組物の意匠の構成物品の写真を提出することができます。

ウ　不適切

同時に使用される二以上の物品，建築物又は画像であって経済産業省令で定めるものを構成する物品，建築物又は画像に係る意匠は，組物全体として統一がある場合，組物の意匠として登録を受けることができます（意８条）。ここで，携帯電話，ビデオカメラ，動画編集ソフトによって構成される初心者入門用動画配信セットは，経済産業省令で定めるものに該当しないので（意匠法施行規則　別表２），組物の意匠として登録が認められません。

実技問題

42　　**(41回　実技　問21)**

ア～ウを比較して，意匠登録出願に関して，最も**不適切**と考えられるものはどれか。

ア　変形するロボットの玩具の形状が，当該玩具の有する機能に基づいて変化する場合において，その変化の前後にわたるその玩具の形状について意匠登録を受けることができる。

イ　一組の飲食用具セットについて意匠登録出願をした場合，飲食用具セットに係る構成物品の形状等に全体として統一があっても，複数の物品を含むことを理由として意匠登録を受けることはできない。

ウ　店舗の内装を構成する机，椅子及び本棚の意匠は，内装全体として統一的な美感を起こさせるものであれば，一意匠として出願をし，意匠登録を受けることができる。

解答解説

42

正解：イ

ア　適切

意匠に係る物品の形状等が，その物品の有する機能に基づいて変化する場合に，変化の前後の形状等について，動的意匠として意匠登録を受けることができます（意６条４項）。ロボットの玩具の有する機能に基づいて，その変化の前後にわたるそのロボットの玩具の形状について，動的意匠として意匠登録を受けることができます。

イ　不適切

同時に使用される二以上の物品であって，経済産業省令で定めるものを構成する物品に係る意匠は，組物全体として統一があるときは，一意匠として出願をし，組物の意匠として意匠登録を受けることができます（意８条）。

ウ　適切

令和元年の意匠法改正により保護対象が拡充され，建築物の外観・内装のデザインが保護対象に加わりました。（意２条１項，８条の２）。したがって，店舗の内装を構成する物品に係る意匠は，内装全体として統一的な美感を起こさせるときは，一意匠として出願することができ，意匠登録を受けることができます（意８条の２）。

10.意匠権の管理と活用

重要Point

- 意匠権は，登録査定の謄本送達日から**30日以内**に**第1年分**の登録料を納付し**設定登録**がされると発生する
- **登録料の納付と同時**に，**秘密意匠**の請求をすることができる
- 意匠権の存続期間は，**意匠登録出願の日**から**25年**で終了し，存続期間の延長制度や更新制度はない
- 意匠権者は，登録を受けた意匠と**同一**および**類似**する意匠を**独占排他的**に実施することができる
- 意匠権が**共有**に係る場合は，他の共有者の同意を得なければ，その意匠権を譲渡したり，ライセンスすることはできない
- 意匠法にも，**職務創作**や**先使用権**の制度が規定されている

学科問題

43　　**（38回　学科　問17）**

ア～ウを比較して，意匠法上の実施権等に関して，最も**不適切**と考えられるものはどれか。

ア　意匠権者は，登録意匠に類似する意匠について，専用実施権を設定することができる。

イ　意匠権者は，重複する範囲について複数人に，通常実施権を許諾することができない。

ウ　意匠権が共有に係る場合，他の共有者の同意がなければ譲渡することができない。

解答解説

43

正解: イ

ア　適切

意匠権者は，その意匠権について専用実施権を設定することができます（意27条１項）。ここで，意匠権の効力は，登録意匠に類似する意匠にまで及ぶので（意23条），意匠権者は，登録意匠に類似する意匠について専用実施権を設定できます。

イ　不適切

意匠権者は，その意匠権について通常実施権を許諾することができます（意28条１項）。ここで，通常実施権は，専用実施権のような独占的な権利ではないので，重複する範囲について複数人に通常実施権を許諾することができます。

ウ　適切

意匠権が共有に係る場合，各共有者は，他の共有者の同意がなければ自己の持分を譲渡することができません（意36条で準用する特73条１項）。

44　　**（43回　実技　問25）**

アパレルメーカーX社は，スマートフォンケースAと名刺入れBとを製造販売している。X社の知的財産部の部員**甲**は，Y社が定期入れに係る登録意匠Cについて意匠権を有しているとの情報を営業部から入手し，確認したところ，当該情報は事実であった。**ア～ウ**を比較して，**甲**の考えとして，最も適切と考えられるものを1つだけ選びなさい。なお，名刺入れと定期入れとは類似する物品であり，スマートフォンケースと定期入れとは非類似の物品であるものとする。

ア　登録意匠Cと類似する形態を転用した名刺入れBを製造販売するために，Y社から登録意匠Cに係る意匠権について，通常実施権の許諾を受けることができる。

イ　登録意匠Cと同一の形態を，スマートフォンケースAの形態に転用すると，登録意匠Cに係る意匠権の侵害となる。

ウ　登録意匠Cと類似する形態を，名刺入れBの形態に転用しても，登録意匠Cに係る意匠権の侵害とはならない。

解答解説

44　　**正解: ア**

意匠権者は，業として登録意匠及びこれに類似する意匠を実施する権利を専有します（意23条）。また，意匠法上の意匠とは，物品の形態であることから，意匠が同一とは「物品が同一で形態が同一」の場合であり，意匠の類似とは，「物品又は形態のいずれかが同一又は類似，あるいは両方が類似」している場合をいいます。

ア　適切

意匠権者は，自己の意匠権について通常実施権の許諾をすることができます（意28条1項）。許諾を受けた通常実施権者は，業としてその登録意匠又はこれに類似する意匠を実施する権利を有します（意28条2項）。よって，X社はY社から登録意匠Cに係る意匠権について通常実施権の許諾を受けることによって，登録意匠Cと類似する形態を転用した名刺入れBを製造販売することができます。

イ　不適切

Y社の登録意匠Cに係る物品である「定期入れ」と「スマートフォンケース」は非類似の物品であることから，X社が登録意匠Cと同一の形態をスマートフォンケースAに転用しても登録意匠Cの実施に該当しないため，Y社の意匠権の侵害とはなりません。

ウ　不適切

Y社の登録意匠Cに係る物品である「定期入れ」と「名刺入れ」は物品が類似するので，X社が登録意匠Cと類似する形態を名刺入れBに転用した場合，登録意匠Cに類似する意匠の実施に該当し，Y社の意匠権の侵害となります。

11.意匠権の侵害と救済

重要Point

・意匠権の効力は，登録意匠と**物品等**が**同一**・**類似**であり，かつ**形状等**（**デザイン**）が**同一**・**類似**の範囲に及ぶ
・**試験**または**研究**のために登録意匠を実施する場合や，**先使用権**を有する場合には，意匠権者の許諾を得ていなくても実施できる例外が認められている
・登録意匠とそれ以外の意匠が類似かどうかの判断基準は**需要者**である
・意匠権者は侵害者に対して，**差止請求**，**損害賠償請求**，**不当利得返還請求**，**信用回復措置請求**をすることができる
・意匠法では，**意匠登録無効審判**の制度は規定されているが，**登録異議申立て**の制度は規定されていない

学科問題

45 **（42回　学科　問21）**

ア～ウを比較して，意匠権侵害であると警告された場合の対応として，最も**不適切**と考えられるものはどれか。

ア　実際に意匠権が存続しているか，警告者が意匠権者であるかということを意匠原簿で確認する。
イ　異議申立期間中であり，かつ取消理由が存在する場合には，登録異議の申立てをする。
ウ　意匠登録について，無効理由が存在する場合には，意匠登録無効審判を請求する。

解答解説

45 **正解: イ**

ア　適切

意匠権の移転によって意匠権者が変わっている場合や，登録料の未納により意匠権が消滅している場合があります。そのため，意匠権侵害であると警告された場合には，先ず，その意匠権が実際に有効に存続しているか，警告者が正当な意匠権者であることを意匠原簿で確認する必要があります。意匠原簿を確認して，その意匠権が存続していなかった場合や，警告者が正当な警告者でなかった場合には，警告に応じる必要がありません。

イ　不適切

意匠法では，登録異議の申立ての制度が規定されていません。したがって，意匠権侵害であると警告された場合の対応として，登録異議の申立てをすることはできません。

ウ　適切

意匠権侵害であると警告された場合には，その意匠登録について，無効理由があるかを確認し，無効理由が存在する場合には，意匠登録無効審判を請求することができます（意48条）。審判により意匠登録が無効になった場合には，意匠権が遡及的に消滅するため，意匠権侵害がそもそも成立しないことになります（意49条）。

46

（36回　実技　問23）

家具メーカーX社は，椅子Aについて意匠権Dを保有している。Y社が販売している椅子Bが，椅子Aのデザインと類似していることがわかった。X社の知的財産部の部員**甲**が発言をしている。**ア～ウ**を比較して，**甲**の発言として，最も適切と考えられるものはどれか。

ア「Y社の行為は意匠権Dの侵害に該当しますが，日本国内で一切販売せず輸出のみを行っている場合には，意匠権Dの侵害に該当せず，損害賠償請求をすることはできません。」

イ「意匠権Dに係る意匠登録出願より前にY社が既に椅子Bを販売していた場合には，Y社に対して損害賠償を請求することはできません。」

ウ「椅子Aと椅子Bのデザインは全体として極めてよく類似していますが，素材及び色彩が異なる場合には，Y社の行為は意匠権Dを侵害しているとはいえません。」

解答解説

46 **正解：イ**

ア　不適切

意匠権者は，業として登録意匠及びこれに類似する意匠の実施をする権利を専有します(意23条)。ここで，意匠の実施とは，意匠に係る物品を製造し，使用し，譲渡し，貸し渡し，輸出し，もしくは輸入し，又はその譲渡もしくは貸渡しの申出をする行為をいいます(意２条２項１号)。したがって，Ｙ社が椅子Ｂを日本国内で一切販売せず輸出のみを行っている場合でも，意匠権Ｄの侵害に該当し，Ｘ社は損害賠償請求をすることができます(民709条)。

イ　適切

①意匠登録出願に係る意匠を知らないで自らその意匠もしくはこれに類似する意匠の創作をし，又は意匠登録出願に係る意匠を知らないでその意匠もしくはこれに類似する意匠の創作をした者から知得して，②意匠登録出願の際，③現に日本国内において，④その意匠又はこれに類似する意匠の実施である事業をしている場合は，先使用による通常実施権が得られます（意29条)。椅子Ａと椅子Ｂは，物品が同一で形態が類似するので両意匠は類似していますが，Ｙ社が前述の先使用権の発生要件①～④をすべて満たすときは，Ｙ社には先使用による通常実施権が認められるため，Ｘ社は損害賠償を請求することはできません。

ウ　不適切

登録意匠と類似する意匠を業として無断で実施する行為は，その意匠権の侵害行為に該当します（意23条)。ここで，意匠の類似は，需要者の視覚を通じて起こさせる美感に基づいて判断されます（意24条２項)。したがって，素材及び色彩が異なっていても，需要者の視覚で椅子Ａと椅子Ｂのデザインが全体として極めてよく類似していると判断される場合には，Ｙ社の行為は，意匠権Ｄを侵害することになります。

47　　　　　　　　　　　　　　　　　**(40回　実技　問21)**

X社はクルーズ船Aについて意匠権を有している。X社の営業部の部員**甲**は，知的財産部の部員**乙**に，クルーズ船Aと同一のデザインのクルーズ船のおもちゃBをY社が販売していることについて相談をした。**ア～ウ**を比較して，**甲**と**乙**の会話として，最も**不適切**と考えられるものはどれか。なお，「クルーズ船」と「クルーズ船のおもちゃ」は非類似物品とする。

ア **甲**「意匠権の効力範囲とはどのような範囲ですか。」
　乙「登録意匠に係る物品と同一又は類似の範囲で，かつ，その形態と同一又は類似の範囲をいいます。」

イ **甲**「意匠法上，一般に意匠権に基づいてどのような権利行使ができますか。」
　乙「意匠権の効力範囲における第三者の業としての実施に対して，差止請求や損害賠償請求ができます。」

ウ **甲**「おもちゃBに対し，クルーズ船Aに係る意匠権に基づいて権利行使できますか。」
　乙「おもちゃBのデザインは，クルーズ船Aに係る登録意匠のデザインと同一です。そのため，デザインを保護するという意匠法の趣旨から，意匠権を行使できます。」

解答解説

47 **正解: ウ**

ア　適切

意匠権の効力は登録意匠及びこれに類似する範囲にまで及びます（意23条）。意匠法上の意匠とは，物品の形態であることから，意匠が同一とは「物品が同一で形態が同一」の場合であり，意匠の類似とは，「物品又は形態のいずれかが同一又は類似，あるいは両方が類似」している場合をいいます。

イ　適切

意匠権者は，業として登録意匠及びこれに類似する意匠の実施をする権利を専有します（意23条）。よって，意匠権の効力範囲において権原のない第三者が業として登録意匠，又は登録意匠に類似する意匠を実施した場合には，これら侵害行為に対して，差止請求や損害賠償請求をすることができます（意37条，民709条）。

ウ　不適切

意匠権の効力は登録意匠及びこれに類似する範囲にまで及びます（意23条）。本問では，X社の登録意匠に係るデザインとY社のおもちゃBはデザインが同一であるものの，物品は「クルーズ船」と「クルーズ船のおもちゃ」であることから非類似の物品であり，Y社がおもちゃBを販売することは，X社の意匠権の侵害に該当しません。したがって，おもちゃBに対して意匠権を行使することはできません。

商標法

12.商標法の保護対象と登録要件

重要Point

・商標とは，人の知覚によって認識することができるもののうち，**文字**，**図形**，**記号**，**立体的形状**もしくは**色彩またはこれらの結合**，**音**その他政令で定めるものであって，商品等を生産等する者がその商品等に用いるものである
・自己の業務に係る**商品**または**役務**について使用しないことが明らかなときは，原則として商標登録を受けることができない
・**普通名称**や**慣用商標**，商品の品質などを記述的に表したにすぎない商標などは，**識別力**がなく，商標登録を受けることができない
・商標登録の要件

①自己の業務に係る商品等に使用すること
②識別力を有すること
③商標登録を受けることができない商標に該当しないこと
④先に出願されていないこと(先願主義)

学科問題

48　**(38回　学科　問7)**

ア～ウを比較して，商標登録を受けられる商標に関して，最も**不適切**と考えられるものはどれか。

ア　先に出願された自己の登録商標と類似する商標について，商標登録を受けることができない。
イ　他人の著名な芸名を含む商標は，その他人の承諾を得れば，商標登録を受けることができる。
ウ　商品の機能を確保するために不可欠な立体的形状のみからなる商標について，商標登録を受けることができない。

解答解説

48　　**正解: ア**

ア　不適切

先に出願された他人の登録商標と類似する商標については，商標登録を受けることができません（商4条1項11号）。しかし，先に出願された自己の登録商標と類似する商標については，商品・役務の出所の混同のおそれがないことから，商標登録を受けることができます。

イ　適切

他人の著名な雅号，芸名，筆名，もしくはこれらの著名な略称を含む商標は，その他人の承諾を得れば，商標登録を受けることができます(商4条1項8号)。

ウ　適切

商品又は商品の包装の形状であって，その商品又は商品の包装の機能を確保するために不可欠な立体的形状のみからなる商標は，商標登録を受けることができません(商4条1項18号)。

49

（42回　学科　問6）

ア～ウを比較して，商標登録出願に関して，最も**不適切**と考えられるものはどれか。

ア　地理的表示法に基づいて登録された名称であっても，商標登録を受けることができる。

イ　他人の周知な商標と類似する名称をその商品と類似する商品について使用する場合には，商標登録を受けることができない。

ウ　商品の普通名称は，いかなる方法で表示した場合でも，商標登録を受けることができない。

解答解説

49　　**正解: ウ**

ア　適切

地理的表示法に基づいて登録された名称であっても，それが商標法の登録要件（商３条，４条）を具備するものであれば，商標登録を受けることができます。

イ　適切

他人の周知な商標と類似する名称をその商品と類似する商品について使用する商標については，原則として，商標登録を受けることができません（商４条１項10号）。

ウ　不適切

その商品又は役務の普通名称について，普通に用いられる方法で表示する標章のみからなる商標は，自他商品等識別力がないため，原則として，商標登録を受けることができません（商３条１項１号）。一方，商品又は役務の普通名称であっても，装飾文字のような特殊な字体等で表示する商標については，自他商品等識別力を有するため，商標登録を受けることができます。

実技問題

50 ～ 52 （36回　実技　問28～問30）

次の発言は，自動車メーカーX社の知的財産部の部員が，商標の定義，登録要件に関して説明しているものである。**問 50 ～問 52** に答えなさい。

「商標とは，商品又は [1] を特徴づけて，他者が生産，販売等している他の商品又は [1] から区別するために用いられる記号やマーク等です。このために，商標登録を受けるための登録要件として，[2] を有することが求められます。また，商標法は，使用により商標に蓄積された業務上の信用を保護対象としています。そのため，商標登録出願人は，商標登録を受けようとする商標を自己の業務に係る商品又は [1] について [3] ことが必要です。」

50 空欄 [1] に入る最も適切な語句を【語群Ⅴ】の中から選びなさい。

51 空欄 [2] に入る最も適切な語句を【語群Ⅴ】の中から選びなさい。

52 空欄 [3] に入る最も適切な語句を【語群Ⅴ】の中から選びなさい。

【語群Ⅴ】

独創性　　デザイン　　現実に使用している
識別力　　少なくとも使用する意思を有する　　サービス
宣伝力　　イメージ　　事業を行っている

解答解説

50 **正解: サービス**

商標とは，自己の商品やサービスを，他人の同種の商品やサービスから区別するために用いられる記号やマークをいいます。

51 **正解: 識別力**

商標は，自他商品・自他役務の識別力をその本質的機能としています。例えば，その商品の普通名称を普通に用いられる方法で表示する標章のみからなる商標については，自他商品等識別力がないため商標登録を受けることができません（商3条1項1号）。

52 **正解: 少なくとも使用する意思を有する**

わが国では登録主義を採用しており，商標登録出願時に実際に商標を使用していなくても少なくとも使用する意思を有していれば，商標登録を受けることができます（商3条）。しかし，その商標を使用しなければ，業務上の信用が蓄積されることはないので，自己の業務に係る商品・役務について使用をしないことが明らかであるときは，原則として商標登録を受けることができません（商3条1項柱書）。

実技問題

53 **（34回　実技　問16）**

食品メーカーX社は，商品に関して商標登録出願をすべきか否かを検討している。**ア～ウ**を比較して，X社の考えとして，最も**不適切**と考えられるものはどれか。

ア　商標を使用した商品の広告に起用する独自のキャラクターのマスコット人形について，商標登録出願をすべきであると考えた。

イ　商品のパッケージについて，ユニークなデザインの包装紙を使用しているので，商標登録出願をすべきであると考えた。

ウ　サボテンの形が特徴的な立体的形状の飲料容器について，商標登録を受けることはできないと考えた。

解答解説

53

正解: ウ

ア　適切

商品の広告に使用するキャラクターのマスコット人形についても，商標登録を受けることができます。将来的にキャラクターグッズを商品化して販売することを視野に入れ，商標登録出願を検討する必要があります(商５条１項)。

イ　適切

商標とは，標章である文字，図形，記号，立体的形状もしくは色彩又はこれらの結合，音その他政令で定めるものであって，業として商品を生産等する者がその商品に使用するものです(商２条１項)。包装紙に付されたユニークなデザインは図形と色彩の結合であると考えられますので，X社は商品のパッケージについて，商標登録出願を行うことができます。

ウ　不適切

立体的形状についても標章に該当するので，商標登録を受けられる場合があります（商２条１項)。ただし，商品の形状が，普通に用いられる方法で表示する標章のみからなる商標は，商標登録を受けることができません(商３条１項３号)。X社の飲料容器はサボテンの形が特徴的な立体的形状の商品であることから，普通に用いられる方法で表示する標章には該当せず，商品自体の形状であっても商標登録を受けることができると考えられます。

54

(38回　実技　問24)

文房具メーカーX社は，新商品としてボールペンを開発し，この新商品の商品名を検討している。商品名として，営業部から名称A，名称Bが提案された。**ア～ウ**を比較して，商標登録出願の依頼を受けたX社の知的財産部の部員**甲**の発言として，最も**不適切**と考えられるものはどれか。但し，名称Aと名称Bは，類似するものとする。

ア「名称Aについて商標登録を受けるためには，出願前に名称Aを使用していること又は少なくとも使用意思を有することが必要です。」

イ「名称Aと名称Bとは類似するので，商標登録を受けるためには，同日に商標登録出願をしなければなりません。」

ウ「名称Bについては，ボールペンに類似する商品であるシャープペンシルも一の商標登録出願の指定商品に含めて出願しましょう。」

解答解説

54

正解: イ

ア　適切

わが国では登録主義を採用しており，商標登録出願の際，その商標を実際に使用していなくても使用する意思を有していれば商標登録を受けることができます（商3条1項柱書）。

イ　不適切

同一又は類似の商品について使用する同一又は類似の商標について，異なった日に二以上の商標登録出願があったときは，最先の商標登録出願人のみがその商標について商標登録を受けることができます（商8条1項）。しかし，類似関係にある商標に係る商標登録出願が同一の出願人の場合は，この規定は適用されません。したがって，必ずしも同日に商標登録出願をする必要はありません。

ウ　適切

商標登録出願は，一商標一出願の原則により商標を使用する一又は二以上の商品又は役務を指定して，商標ごとに行わなければなりません（商6条1項）。つまり，一つの商標登録出願に対して複数の商標を含めることはできませんが，複数の商品又は役務を含めることはできます。

実技問題

55 **（40回　実技　問13）**

甲は，菓子メーカーである「ABC 株式会社」の設立を準備しており，会社名等について，商標登録出願をすべきか否かを検討している。**ア～ウ**を比較して，**甲**の考えとして，最も**不適切**と考えられるものはどれか。

ア　ABC株式会社が販売する予定の商品パッケージは独特の形状であるが，そのパッケージの形状のみからなる商標については，商標登録を受けることはできないと考えた。

イ　会社名「ABC株式会社」について，商号登記をした場合であっても，会社名について，商標登録出願もした方がいいと考えた。

ウ　ABC株式会社が会社名について商標登録出願する際には，複数の商品を指定して出願することができると考えた。

解答解説

55

正解: ア

ア　不適切

商標法上の商標とは，人の知覚によって認識することができるもののうち，文字，図形，記号，立体的形状もしくは色彩又はこれらの結合，音その他政令で定めるものであって，業としてその商品等に使用をするものをいいます（商2条1項）。立体的形状は商標の構成要素となるので，独特の形状を有する商品パッケージは，立体商標として商標登録を受けられる可能性があります。

イ　適切

商号とは各市町村の法務局に登記する会社の名称です。一方，商標は特許庁に登録する商品やサービスの名称で，商標法では，商標に化体した業務上の信用が保護対象となります(商1条)。よって，会社名を自社の商品やサービスに使用する場合には，商標登録出願をした方がよいと考えられます。

ウ　適切

商標登録出願は，商標を使用する一又は二以上の商品又は役務を指定して，商標ごとに行う必要があります(商6条1項)。すなわち，一つの商標登録出願で複数の商品又は役務を指定することができます。なお，一商標一出願の原則により，一つの商標登録出願では，一つの商標しか出願することができません。

13.商標登録を受けるための手続き

重要Point

・商標登録出願は，商標を使用する一または二以上の**商品**または**役務**を指定して，商標ごとにしなければならない(**一商標一出願**の原則)
・商標登録出願をすると，準備が整い次第，**自動的**に**出願公開**がなされる
・商標登録出願では，審査を受けるために**出願審査請求**をする必要はない
・商標の図形や文字を変更することや，指定商品・指定役務を追加したり，指定商品等を類似または非類似の商品等へ変更することは，**要旨変更**の補正として認められないが，指定商品・指定役務を**減縮**することや，正しい区分へ**是正**する補正は認められる
・商標登録出願を，特許出願や意匠登録出願に変更することはできない

学科問題

56　　(34回　学科　問8)

ア～ウを比較して，商標登録出願に関して，最も適切と考えられるものはどれか。

ア　商標登録出願は，出願公開されない。
イ　審査官は，政令で定める期間内に商標登録出願について拒絶の理由を発見しないときは，商標登録をすべき旨の査定をしなければならない。
ウ　商標登録出願があったときは，何人も，商標登録出願について出願審査請求をすることができる。出願審査請求をすることができる期間内に出願審査請求がなかったときは，この商標登録出願は，取り下げたものとみなされる。

解答解説

56

正解: イ

ア　不適切

商標登録出願は，原則としてすべての出願について出願公開されます。なお，公開時期は規定されておらず，商標公報の発行準備ができ次第すみやかに，商標公報の発行によって出願公開されます（商12条の2第1項）。

イ　適切

審査官は，政令で定める期間内に商標登録出願について拒絶の理由を発見しないときは，商標登録をすべき旨の査定をしなければなりません（商16条）。

ウ　不適切

商標法には，特許法のような出願審査請求制度は規定されていません（特48条の3）。出願審査請求をしなくても，原則として，商標登録出願はすべて審査されます（商14条）。

57　　**（41回　学科　問12）**

ア～ウを比較して，商標登録を受けるための手続に関して，最も適切と考えられるものはどれか。

ア　商標登録出願の審査において拒絶理由通知を受けた場合，商標登録出願を意匠登録出願へと変更することができる。

イ　商標登録出願の審査を受けるにあたり，出願審査請求は必要とされていない。

ウ　商標登録出願の審査において拒絶理由通知を受けた場合，商標の図形や文字を変更する補正をすることができる。

解答解説

57

正解: イ

ア　不適切

商標法は，商標を使用することにより化体した業務上の信用を保護しています(商1条)。一方，意匠法は工業的に量産可能な物品のデザインを保護しています(意2条1項，3条1項柱書)。つまり，商標法と意匠法では保護対象が異なるため，商標登録出願を意匠登録出願に変更することはできません。

イ　適切

商標法には，特許法のような出願審査請求制度は規定されていません（特48条の3)。出願審査請求をしなくても，原則として，商標登録出願はすべて審査されます(商14条)。

ウ　不適切

商標登録出願の審査において拒絶理由通知を受けた場合，補正が認められています(商68条の40第1項)。ただし，商標の図形や文字を変更，削除する補正は，願書に記載した商標の補正であり,要旨の変更に該当するため認められません(商16条の2第1項)。

14.商標権の管理と活用

重要Point 

- 登録査定の謄本送達日から30日以内に**10年分**もしくは**5年分**の登録料を納付すると，**設定登録**により商標権が発生する
- 更新登録の申請は，**商標権者**が手続きをしなければならない
- 更新登録の申請は，**存続期間満了の6カ月前**から満了の日までにする必要がある。ただし，期限が経過した場合でも**経済産業省令で定める期間内**であれば，割増登録料を納付して申請手続をすることができる
- 通常使用権は，**登録**しなければ，その後に商標権を譲り受けた者に対して，その効力を主張することができない
- 指定商品等が複数ある場合には，指定商品または指定役務ごとに**移転**することができる
- **日本国内**で継続して**3年以上**，**商標権者**，**専用使用権者**，**通常使用権者**のいずれもが，指定商品または指定役務について登録商標を使用していない場合は，その**商標登録**の**取り消し**について，**誰でも**不使用取消審判を請求することができる
- 商標が**普通名称**になると商標権の効力が及ばなくなり，他人の使用を禁止できなくなる

学科問題

58 **(39回　学科　問9)**

ア～ウを比較して，商標登録出願及び商標権に関して，最も適切と考えられるものはどれか。

ア　商標権の存続期間の更新登録の申請は，存続期間の満了日を経過した後であっても，一定の期間内であれば，その申請をすることができる。

イ　商標権は更新登録の申請により存続期間を更新することができ，その申請は利害関係人が行うことができる。

ウ　商標登録出願は，出願日から6カ月を経過した後に出願公開される。

解答解説

58　　**正解：ア**

ア　適切

更新登録の申請は，原則として，商標権の存続期間の満了前６カ月から満了の日までの間にする必要があります（商20条２項）。ただし，期間内に更新登録の申請をすることができないときは，その期間が経過した後，すなわち存続期間の満了日を経過した後であっても，経済産業省令で定める期間（６カ月）内であれば，その申請をすることができます（商20条３項）。

イ　不適切

商標権者が更新登録の申請を行うことにより，商標権の存続期間を更新することができます（商19条２項）。この更新登録の申請は商標権者のみが行うことができ，たとえ使用権者などの利害関係人であっても，更新登録の申請をすることはできません。

ウ　不適切

商標法の出願公開制度では，商標登録出願されたもののすべてが出願公開の対象となります。さらに，公開時期は規定されておらず，商標公報の発行準備ができ次第すみやかに，商標公報の発行によって出願公開されます（商12条の２第１項）。

59　　**(36回　学科　問27)**

ア～ウを比較して，商標権に関して，最も適切と考えられるものはどれか。

ア　商標登録出願の日前から，登録商標と同一の商標を使用し，当該出願日において，周知であれば，先使用権が認められる場合がある。
イ　商標登録されていれば，その商標権に基づく権利行使が必ず認められる。
ウ　通常使用権は，登録しなくとも，その発生後にその商標権を取得した者に対して，その効力が生ずる。

解答解説

59　　正解: ア

ア　適切

①他人の商標登録出願前から日本国内において，②不正競争の目的でなく③その商標登録出願に係る指定商品・指定役務又はこれらに類似する商品・役務について，その商標又はこれに類似する商標の使用をしていた結果，④その商標登録出願の際，⑤現にその商標が自己の業務に係る商品・役務を表示するものとして需要者の間に広く認識されていて，⑥継続してその商品・役務についてその商標の使用をすることのすべての条件を満たす場合には，商標法上の先使用権が認められる場合があります(商32条1項)。

イ　不適切

登録商標と同一又は類似する商標を，指定商品・指定役務と同一又は類似する商品・役務について無断で使用する行為に対して，商標権を行使することができますが（商25条)，商品・役務の普通名称を普通に使用するなど，一定の行為に対しては商標権の効力が及ばず，商標権の行使が認められません（商26条1項各号)。また，先使用権（商32条1項）など，登録商標と同一又は類似する商標を合法的に使用できる権利を有する者に対しては，商標権の行使が認められません。

ウ　不適切

通常使用権は，登録をしなければ，その商標権もしくは専用使用権又はその商標権についての専用使用権をその後に取得した者に対して，その効力を有しません(商31条4項)。

実技問題

60

(36回　実技　問14)

刃物メーカーX社は，指定商品「果物ナイフ，洋食ナイフ」に係る商標権Aを有している。**ア～ウ**を比較して，商標権Aに関して，最も適切と考えられるものはどれか。

ア　商標権Aが，X社からY社及びZ社に移転され，Y社及びZ社の共有の商標権となった場合，Y社は，Z社の同意を得なくても，商標権Aの持分をW社に譲渡することができる。

イ　X社は，Y社に指定商品「果物ナイフ」に係る商標権Aを，Z社に指定商品「洋食ナイフ」に係る商標権Aを移転することができる。

ウ　商標権Aに係る登録商標が，文字と記号との結合商標である場合に，Y社に文字に係る商標権を，Z社に記号に係る商標権を移転することができる。

解答解説

60 **正解: イ**

ア　不適切

商標権が共有に係るときは，各共有者は，他の共有者の同意を得なければ，その持分を譲渡し，又はその持分を目的として質権を設定することができません（商35条で準用する特73条１項）。よって，Ｙ社は，Ｚ社の同意を得なければ，商標権Ａの持分をW社に譲渡することはできません。

イ　適切

指定商品が二以上あるときは，指定商品ごとに商標権を分割して移転することができます（商24条の２第１項）。よって，Ｙ社に指定商品「果物ナイフ」に係る商標権Ａを，Ｚ社に指定商品「洋食ナイフ」に係る商標権Ａを分割して移転することができます。

ウ　不適切

商標権について，その指定商品又は指定役務が二以上あるときは，指定商品又は指定役務ごとに，その商標権を分割して移転することができます（商24条の２第１項）。しかし，商標を分割して移転することはできません。よって，結合商標を文字と記号に分割して移転することはできません。

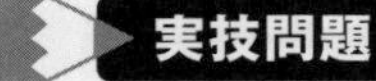

61

（42回　実技　問25）

イタリアの自転車部品メーカーX社は，日本に法人を設立し，商品名「GTKB」を付した自転車用ペダルの日本での販売を開始した。一方，日本の自転車部品メーカーY社は，登録商標「GTKB」，指定商品「自転車の部品及び附属品」とする商標権Mを有している。**ア〜ウ**を比較して，X社の考えとして，最も適切と考えられるものはどれか。

ア　X社とY社との交渉の結果，Y社はX社に，商標権Mの全範囲について，通常使用権の許諾契約をしたが，通常使用権の登録がされなければ，X社には商標権Mに係る通常使用権の効力が生じない。

イ　X社はY社の登録商標と偶然同じ標章を使用していたものであり，何らY社のビジネスを阻害する意図はなかった。従って，X社からの申出があれば，Y社はライセンス交渉等に応じる必要がある。

ウ　Y社が日本国内で３年間継続して商標権Mに係る登録商標を使用していない場合，X社は当該商標登録を取り消すことができる可能性がある。

61　　**正解: ウ**

ア　不適切

通常使用権は，通常使用権の許諾契約が有効に成立した時点で効力が発生し，特許庁への登録は不要です。なお，通常使用権を登録した場合には，その商標権もしくは専用使用権をその後に取得した者に対して対抗することができます（商31条4項）。

イ　不適切

商標権者は，その商標権について他人にライセンスすることができますが，ライセンスするか否かは商標権者の意思に基づいて自由に決めることができます（商31条1項）。したがって，X社がY社の登録商標と偶然同じ標章を使用していて，何らY社のビジネスを阻害する意図はなかったとしても，商標権者であるY社は，X社からのライセンス交渉等に必ずしも応じる必要はありません。

ウ　適切

継続して3年以上，日本国内で商標権者，専用使用権者，通常使用権者のいずれもが登録商標を使用していない場合は，何人も商標登録の取り消しを求める不使用取消審判を請求することができます（商50条）。したがって，Y社が日本国内で3年間継続して商標権Mに係る登録商標を使用していない場合，X社は，不使用取消審判を請求して当該商標登録を取り消すことができる可能性があります。

15.商標権の侵害と救済

重要Point

・商標権者が**独占的**に使用できる範囲は，指定商品または指定役務における登録商標の使用に限られ，登録商標または指定商品・指定役務のいずれかが類似，もしくは両方が類似する範囲については，他人の使用を**禁止**できる

・商標権者は，侵害者に対して**差止請求**，**損害賠償請求**，**不当利得返還請求**，**信用回復措置請求**をすることができる

・**商標登録無効審判**は**利害関係人**でなければ請求することができない

・一定の無効理由については，商標権の設定登録日から**5年**を経過していると，**商標登録無効審判**を請求することができない

・商標掲載公報が発行された日から**2カ月以内**であれば，**誰でも**，**登録異議の申立て**をすることができる

学科問題

62　　(38回　学科　問28)

ア～ウを比較して，商標権等に関して，最も**不適切**と考えられるものはどれか。

ア　登録商標が著名であって，当該商標権に係る指定商品と非類似の商品について同一の商標を使用する場合には，当該商標権の効力が及ぶ。

イ　他人の商標登録に係る商標登録出願の出願日前から自己の商標を使用していても，先使用権が認められない場合がある。

ウ　不使用取消審判により商標権が消滅した場合，当該商標権は同審判の請求の登録の日に消滅したものとみなされる。

解答解説

62

正解: ア

ア　不適切

商標権者は，指定商品又は指定役務について登録商標を使用する権利を専有します（商25条）。また，他人によるその類似範囲にある商標の使用を排除することができます（商37条１号）。しかし，登録商標が著名であったとしても，非類似の範囲にまで商標権の効力が及ぶことはありません。

イ　適切

他人の商標登録に係る商標登録出願の出願日前から自己の商標を使用している場合であっても，次の要件をすべて満たさなければ，先使用権は認められません。具体的には，①他人の商標登録出願前から日本国内において，②不正競争の目的でなく③その商標登録出願に係る指定商品・指定役務又はこれらに類似する商品・役務について，その商標又はこれに類似する商標の使用をしていた結果，④その商標登録出願の際，⑤現にその商標が自己の業務に係る商品・役務を表示するものとして需要者の間に広く認識されていて，⑥継続してその商品・役務についてその商標の使用をすることが必要です（商32条１項）。

したがって，他人の商標登録に係る出願日前から自己の商標を使用していても，他の要件を満たしていなければ，先使用権が認められないことがあります。

ウ　適切

商標登録を取り消すべき旨の審決が確定したときは，商標権は不使用取消審判の請求の登録の日に消滅したものとみなされます（商54条２項）。

実技問題

63　　**（33回　実技　問17）**

食品メーカーX社は，商標登録出願をしていない商標Aを付した商品を販売していたところ，Y社から警告を受けた。X社が調査したところ，Y社は商標Aと類似する登録商標Bに係る商標権を有し，登録商標Bに係る指定商品は，X社の商品と類似することがわかった。**ア～ウ**を比較して，X社の行為又は考えとして，最も適切と考えられるものはどれか。

ア　X社の商品は登録商標Bに係る指定商品とは区分が異なっており，商標Aの使用は登録商標Bに係る商標権の侵害に該当しないので使用を継続した。

イ　商標Aの使用が登録商標Bに係る商標権の侵害に該当する場合には，X社は商標Aの使用が差し止められるとともに損害賠償の責任を負う場合がある。

ウ　X社が商標Aを使用開始した時期が，登録商標Bに係る商標登録出願の出願日よりも先であれば，問題なく，X社は商標Aを継続して使用できる。

解答解説

63 **正解: イ**

ア　不適切

商品及び役務の区分は，商品又は役務の類似の範囲を定めるものではありません（商６条３項）。よって，Ｘ社の商標Ａを使用している商品が，登録商標Ｂに係る指定商品と区分が異なっていても，類似関係が認められる可能性があります。したがって，Ｘ社の行為は，登録商標Ｂに係る商標権の侵害に該当する場合があるため，使用を継続すべきではありません（商37条の１）。

イ　適切

商標権者は，指定商品又は指定役務について登録商標の使用をする権利を専有し（商25条），自己の商標権を侵害する者，又は侵害するおそれがある者に対し，その侵害の停止又は予防を請求することができます（商36条１項）。さらに，その侵害行為によって損害が発生している場合には，損害賠償を請求することができます（民709条）。

よって，Ｘ社は，商標Ａの使用の差し止めとともに損害賠償の責任を負うことがあります。

ウ　不適切

①他人の商標登録出願前から日本国内において，②不正競争の目的でなく③その商標登録出願に係る指定商品・指定役務又はこれらに類似する商品・役務について，その商標又はこれに類似する商標の使用をしていた結果，④その商標登録出願の際，⑤現にその商標が自己の業務に係る商品・役務を表示するものとして需要者の間に広く認識されていて，⑥継続してその商品・役務についてその商標の使用をすることのすべての要件を満たさなければ先使用権は認められません（商32条）。

したがって，Ｘ社が商標Ａを使用開始した時期が，登録商標Ｂに係る商標登録出願の出願日よりも先である事実だけで，Ｘ社が商標Ａを継続して使用できるとは限りません。

実技問題

64 ～ 66 （41回　実技　問28～問30）

次の発言は，X社の知的財産部の部員が，商標登録の要件，登録異議の申立て及び商標登録無効審判に関して，後輩部員に説明しているものである。**問64～問66**に答えなさい。

「先に出願された [1] の登録商標と同一又は類似の商標であって，その商標登録に係る指定商品等と同一又は類似の指定商品等について使用をする商標は，商標登録を受けることができません。それにもかかわらず商標登録された場合には，商標掲載公報の発行の日から [2] 以内に限り，登録異議の申立てをすることができます。また，商標登録無効審判を請求することができますが，[3] から５年を経過した後は，請求することができません。」

64 空欄 [1] に入る最も適切な語句を【語群Ⅶ】の中から選びなさい。

65 空欄 [2] に入る最も適切な語句を【語群Ⅶ】の中から選びなさい。

66 空欄 [3] に入る最も適切な語句を【語群Ⅶ】の中から選びなさい。

【語群Ⅶ】
商標登録出願の日　２カ月　商標権の設定の登録の日
他人　自己　６カ月　商標登録出願の公開の日

解答解説

64 **正解: 他人**

商品又は役務の出所の混同を防止するため，先願先登録に係る他人の登録商標と同一又は類似する商標であって，その商標登録に係る指定商品等と同一又は類似の指定商品等について使用する商標は，商標登録を受けることができません(商4条1項11号)。

65 **正解: 2カ月**

何人も，商標掲載公報の発行の日から２カ月以内に限り，特許庁長官に対して，登録異議の申立てをすることができます(商43条の２)。

66 **正解: 商標権の設定の登録の日**

商標登録無効審判は，商標権の消滅後でも請求することができます。ただし，所定の無効理由については，除斥期間が設けられており，商標権の設定の登録の日から５年を経過した後は，請求することができません(商47条１項)。

条約

16.パリ条約

重要Point

・パリ条約の三大原則は，**内国民待遇**，**優先権**，**各国の特許の独立**である
・**内国民待遇**とは，同盟国の国民に対して，自国の国民と同等の**保護**および**救済措置**を与えなければならないことをいう
・同盟国の国民でなくても，いずれかの同盟国の領域内に住所があるか，現実かつ真正の工業上または商業上の営業所を有していれば，同盟国の国民とみなされる
・パリ条約の**優先権**を**主張**した**出願**は，先の出願に基づいて他の同盟国にした後の出願においても，先の出願日に出願したものと**同様の効果**が与えられる
・特許・実用新案の優先期間は**12カ月**，意匠・商標の優先期間は**6カ月**である
・同盟国における権利の**無効**，**消滅**，**存続期間**等は，他の同盟国の権利に影響を与えない。これを**各国の特許の独立**という

学科問題

67　　**（38回　学科　問10）**

ア～ウを比較して，パリ条約に関して，最も適切と考えられるものはどれか。

ア　優先権の主張の基礎となる第一国の特許出願を取り下げた場合には，優先権の主張を伴う特許出願をした他の同盟国において特許出願が無効となる。
イ　同盟国の国民は，優先権の主張の基礎となる第一国の特許出願を，自国の特許庁ではなく，他の同盟国の特許庁へ出願することができる。
ウ　同盟国間に不平等が生じないよう，各同盟国の特許要件は同じである。

解答解説

67　　**正解: イ**

ア　不適切

パリ条約では特許独立の原則を採用しています(パリ４条の２)。この特許独立の原則により，各同盟国の特許は，他の同盟国の特許から独立することになります。したがって，優先権の主張の基礎となる第一国の特許出願を取り下げた場合，それを理由として，優先権の主張を伴う特許出願をした他の同盟国において特許出願が無効となるわけではありません。

イ　適切

パリ条約の優先権の基礎となる出願(第一国の特許出願)は，いずれかの同盟国において正規にした出願であればよく（パリ４条（A）（１)），自国の特許庁ではなく他の同盟国の特許庁に出願することができます。

ウ　不適切

パリ条約は，属地主義の原則を前提としており，各同盟国では，独自の基準により特許を付与することができます。したがって，各同盟国の特許要件は同じであるとは限りません。

68 **(39回　学科　問4)**

ア～ウを比較して，パリ条約に基づく優先権に関して，最も適切と考えられるものはどれか。

ア　パリ条約に基づく優先権を主張して，外国に特許出願をする場合には，最先の特許出願に係る発明が実施される前までに行わなければならない。

イ　パリ条約に基づく優先権を主張して，外国に特許出願をすることができる期間は，最先の特許出願の日から12カ月である。

ウ　パリ条約に基づく優先権を主張して，外国に意匠登録出願をすることができる期間は，最先の意匠登録出願の日から12カ月である。

解答解説

68 **正解: イ**

ア　不適切

パリ条約に基づく優先権を主張して，外国に特許出願をする場合は，最先の特許出願から12カ月が経過するまでに行う必要がありますが(パリ４条Ｃ（１)），最先の特許出願に係る発明が実施される前までに行う必要はありません。

イ　適切

パリ条約に基づく優先権を主張して，外国に特許出願をすることができる期間は，最先の特許出願の日から12カ月です(パリ４条Ｃ（１))。

ウ　不適切

パリ条約に基づく優先権を主張して，外国に意匠登録出願をすることができる期間は，最先の意匠登録出願の日から６カ月です(パリ４条Ｃ（１))。

69

(41回　実技　問25)

医療機器メーカーX社は，医療用カメラのレンズに関する発明Aについて2021年6月に日本において特許出願Pを行い，現在，発明Aに係る医療用カメラを製造販売している。ところが，中国において2021年12月ごろから早くもその医療用カメラの模造品が出回っている事実がわかった。**ア〜ウ**を比較して，X社の対応に関して，最も適切と考えられるものはどれか。

ア　特許出願Pについて，日本において迅速な権利化を目指すべきである。日本で特許されれば，その特許によって中国において模造品に対して権利行使できるからである。

イ　特許出願Pに基づいて，パリ条約による優先権を主張して，できるだけ早く中国に特許出願し，早期に中国において権利化を図るべきである。いち早く中国における模造品に対して権利行使をするためである。

ウ　特許出願Pに基づいて，パリ条約による優先権を主張して，指定国に中国を含んだ国際出願をして国際予備審査の結果を待つべきである。国際段階で時間をかけて権利化の可能性を確認した上で中国での手続を進めるべきだからである。

解答解説

69 **正解：イ**

ア　不適切

日本で取得した特許権は日本国内での実施にのみ有効です。そのため，特許出願Pを日本で権利化したとしても，その効力は日本国内においてのみ有効であり，中国において模造品に対して権利行使することはできません。

イ　適切

中国において早期に権利化を行い，模造品対策を行うべきであるため，特許出願Pに基づいてパリ条約による優先権を主張して，できるだけ早く直接中国に特許出願すべきです。早期の権利化により，中国における模造品に対して，いち早く権利行使をすることができます。

ウ　不適切

すでに模造品が出回っている状況では，できるだけ早期に中国で特許の権利化をするべきです。したがって，パリ条約による優先権を主張して，指定国に中国を含んだ国際出願ではなく，直接中国に出願することで，できるだけ早期に権利化すべきです。

17.特許協力条約(PCT)

重要Point

・**特許協力条約**(**PCT**)は，発明の保護を目的とし，一つの特許出願を多数国への特許出願として扱う**国際出願**という制度を定めた条約である

・特許協力条約(PCT)に基づく国際出願の流れ

国際出願	自国の特許庁または**世界知的所有権機関**(**WIPO**)に出願が可能
国際調査	原則としてすべての出願について,**国際調査機関**により,**自動的**に国際調査が行われる
国際公開	優先日から**18カ月**経過後,**国際事務局**により公開される
国際予備審査	出願人の請求により,出願内容が新規性,進歩性,産業上利用可能性を有するかどうかについて,審査が行われる
国内移行手続	優先日から30カ月以内に移行手続をする必要がある

学科問題

70 **(34回　学科　問6)**

ア～ウを比較して，特許協力条約（PCT）の利点に関して，最も適切と考えられるものはどれか。

ア　締約国で登録された特許権について，国際事務局を通じて一元管理できる。
イ　保護を求める締約国における審査が，希望する１カ国で統一して行われる。
ウ　PCT締約国のいずれか１カ所の所定の管轄受理官庁に所定の要件を満たす出願をすれば，国際出願日が認められる。

解答解説

70　　**正解: ウ**

ア　不適切

実際に権利化を図りたい国へ移行手続を行った後は，各指定国で管理が必要となります。したがって，各締結国で登録された特許権を国際事務局を通じて一元管理できるということはありません。

イ　不適切

特許協力条約（PCT）では，あくまで出願における手続きを統一するだけで，世界統一の特許権を与えるわけではありません。最終的には，保護を求める各国の特許庁において特許要件の審査を受けなければならないため，審査が希望する１カ国で統一して行われるわけではありません。

ウ　適切

受理官庁は，国際出願が受理の時に所定の要件を満たしていることを条件として，国際出願の受理の日を国際出願日として認めます(PCT11条(１))。

71 **（39回　学科　問7）**

ア～ウを比較して，特許協力条約（PCT）における国際出願の手続に関して，最も**不適切**と考えられるものはどれか。

ア 国際出願として，各国で審査を受けるためには，優先日から30カ月以内に国内移行手続をしなければならない。
イ 国際調査報告は，出願人及び国際事務局に送付される。
ウ 国際出願することによって，複数の指定国において有効な一の特許権を得ることができる。

解答解説

71　　**正解：ウ**

ア　適切

国際出願の出願人は，優先日から30カ月以内に，特許権の取得を希望する指定国に対して国内移行手続を行います（PCT22条（1））。その後，国内移行手続がなされた指定国において審査手続を経て，特許権を得ることができます。

イ　適切

国際調査報告は，出願人及び国際事務局に送付されます（PCT18条（2））。

ウ　不適切

属地主義の原則により，特許権の効力は，取得した国においてのみ有効となります。また，国際出願をした場合，国内移行手続をした指定国において審査を受けることにより，各指定国で特許権を取得することになります。つまり，国際出願によって，複数の指定国において有効な一の特許権を得ることができるわけではありません。

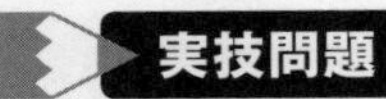

実技問題

72 **(38回　実技　問17)**

電機メーカーX社の知的財産部の部員が，米国における特許権の取得に関して発言している。**ア～ウ**を比較して，最も**不適切**と考えられるものはどれか。

ア「日本で特許権を取得できなくても，米国で特許権を取得できる場合があります。」

イ「米国特許商標庁に直接特許出願をしなくても，米国で特許権を取得できます。」

ウ「特許協力条約（PCT）による国際出願は日本語で行うことができ，米国に国際出願の移行手続を行う場合に英語の翻訳文を提出する必要はありません。」

73 **(40回　実技　問14)**

自動車メーカーX社の知的財産部の部員**甲**は，特許協力条約（PCT）に基づいて国際出願をすることを検討している。**ア～ウ**を比較して，**甲**の発言として，最も**不適切**と考えられるものはどれか。

ア「X社は国際出願した後，所定の期間内に国際事務局に対して国際公開の請求をすることができますが，請求がなくとも国際公開されます。」

イ「X社が国際出願した後，所定の期間内に国際調査機関に対して国際調査を行うことを請求しなければ，国際調査は行われません。」

ウ「X社が国際出願した後，所定の期間内に国際予備審査機関に対して国際予備審査請求をした場合に限り，国際予備審査は行われます。」

解答解説

72

正解: ウ

ア 適切

パリ条約に規定された特許独立の原則(パリ４条の２)により，パリ条約の各同盟国は，同一の発明について独立して特許を付与することができます。日本と米国は，いずれもパリ条約の同盟国であるため，日本で特許権を取得できなくても，米国で特許権を取得できる場合があります。

イ 適切

特許協力条約（PCT）に基づく国際出願を日本の特許庁に出願し，その後に米国へ国内移行手続を行うことにより，米国に直接出願しなくても米国で特許権を取得することが可能です(PCT11条(３))。

ウ 不適切

特許協力条約(PCT)による国際出願は，日本語で行うことができます(特許協力条約に基づく国際出願等に関する法律３条１項)。ただし，米国で国際出願の移行手続を行う場合には，英語の翻訳文を提出する必要があります（PCT22条(１))。

73

正解: イ

ア 適切

国際出願の出願人は，所定の期間内に，その国際出願について国際事務局に対して国際公開の請求をすることができます(PCT21条(２)（b))。

なお，国際出願は，出願人からの公開請求がなくとも，出願日から所定の期間が経過した後に国際公開されます(PCT21条(２)（a))。

イ 不適切

国際調査は，原則として，すべての国際出願についてなされます（PCT15条(１))。つまり，国際出願の国際調査は，国際調査機関に対して国際調査の請求がなされなくても行われます。

ウ 適切

国際出願は，出願人の請求がなされると，国際予備審査の対象となります(PCT31条（１))。したがって，国際出願は，所定の期間内に国際予備審査機関に対して国際予備審査請求をした場合に限り，国際予備審査が行われます。

18.その他の条約

重要Point

・**TRIPS 協定**では，知的財産権の適切な保護や権利行使の確保，紛争解決手続について，規定されている
・**TRIPS 協定**は，特許権のみならず，意匠権や商標権など知的財産権全体を対象としている
・**最恵国待遇**とは，加盟国が他の国民に与える有利な利益や免除等は，即時かつ無条件に他の加盟国の国民に与えなければならないことである
・**マドリッド協定議定書**の制度を利用すれば，複数の国において商標登録を受けるための手続きが簡素化される
・商標の国際出願をする場合は，出願人の**自国**に商標登録出願もしくは商標登録がなければならない
・商標の国際登録の存続期間は **10 年**であり，10 年ごとに**更新**することができる
・**ハーグ協定**は意匠の国際出願や公開，国際登録を一括して行うことができる協定である
・**ベルヌ条約**は，著作物を国際的に保護するための条約である

学科問題

74 **(33回　学科　問6)**

ア～ウを比較して，わが国が加盟している条約又は協定に関する次の文章の空欄 [1] に入る語句として，最も適切と考えられるものはどれか。

[1] は，各国で異なる国内での特許出願手続を最低限に統一し，簡素化することで，出願人の負担を軽くすることを狙いとした条約であり，日本では平成 28 年 6 月に効力が発生した。

ア　特許法条約（PLT）
イ　知的所有権の貿易関連の側面に関する協定（TRIPS 協定）
ウ　特許協力条約（PCT）

解答解説

74　　**正解: ア**

ア　適切

特許法条約（PLT）は，各国で異なる国内での特許出願手続を最低限に統一し，簡素化することで，出願人の負担を軽くすることを狙いとした条約であり，日本では平成28年6月に効力が発生しています。

イ　不適切

知的所有権の貿易関連の側面に関する協定（TRIPS協定）は，国際的な自由貿易秩序維持形成のための知的財産権の十分な保護や権利行使手続の整備を加盟各国に義務付けることを目的した条約であり，1995年1月に発効されています。

ウ　不適切

特許協力条約（PCT）は，複数の国において発明の保護が求められている場合に，各国での発明の保護の取得を簡易かつ一層経済的なものにするための条約であり，日本では1978年10月に効力が発生しています。

著作権法

19.著作権法の目的と著作物

重要Point

・**著作物**とは，**思想**または**感情**を**創作的**に**表現**したものであって，文芸，学術，美術または音楽の範囲に属するものをいう
・**二次的著作物**とは，**翻訳**や**翻案**により元の著作物に新たな創作性が加えられてできた著作物をいい，例えば，著作物の翻訳や小説の映画化などが挙げられる
・新聞や雑誌など，その**素材の選択**または**配列**によって**創作性**を有するものを**編集著作物**という
・**データベースの著作物**とは，データベースでその**情報の選択**または**体系的な構成**により，**創作性**を有するものをいう
・**憲法**その他の**法令**，**国等が発行**する告示，訓令，通達その他これらに類するものや**裁判所の判決**，**決定**等は著作物であっても，著作権法の保護対象にはならない

学科問題

75　　**（40回　学科　問1）**

ア～ウを比較して，著作物に関して，最も適切と考えられるものはどれか。

ア　著作権法第10条第１項に規定されている著作物のみが，著作物として保護される。
イ　美術工芸品は，美術の著作物として保護される。
ウ　作曲家の頭の中にある楽曲の構想は，著作物として保護される。

解答解説

75

正解: イ

ア　不適切

著作権法で保護される著作物について，著作権法上では限定列挙ではなく，例示列挙されています（著10条1項各号)。したがって，著作権法第10条第1項に規定されている著作物のみが，著作物として保護されるわけではありません。

イ　適切

美術工芸品は，美術の著作物として保護されます(著2条2項)。

ウ　不適切

著作物とは，思想又は感情を創作的に表現したものであるので（著2条1項1号)，「表現」されていることが必要です。作曲家の頭の中にある楽曲の構想自体は頭の中で思い描いているだけであり，客観的に表現されていないので，著作物にはなり得ません。

学科問題

76 **（36回　学科　問10）**

ア～ウを比較して，著作物に関して，最も適切と考えられるものはどれか。

ア 新聞記事は，時事の報道に該当する場合，著作権法上の保護対象とならないことがある。

イ 編集物でその素材の選択及び体系的な構成によって創作性を有さなければ，著作権法上，編集著作物として保護されない。

ウ 裁判所の判決は，著作権法上，権利の目的とならないため，私人が判決を翻訳したものも，著作権法上，権利の目的とならない。

77 **（43回　学科　問28）**

ア～ウを比較して，編集著作物に関して，最も適切と考えられるものはどれか。

ア データベースの著作物は，編集著作物として保護される。

イ 編集著作物として保護を受けるためには，素材の著作物の著作者の許諾を得る必要がある。

ウ 編集著作物とは，編集物であってその素材の選択又は配列によって創作性を有するものである。

解答解説

76

正解: ア

ア　適切

新聞記事であって，事実の伝達にすぎない時事の報道は，著作権法上の保護対象となりません(著10条2項)。

イ　不適切

編集著作物とは，その素材の選択又は「配列」によって創作性を有するものをいいます（著12条1項)。「情報の選択又は体系的な構成」によって創作性を有するものは，データベースの著作物になります(著12条の2第1項)。

ウ　不適切

裁判所の判決は，著作権法上，権利の目的とならないため（著13条3号)，国等がその翻訳物を作成した場合にも著作権法上，権利の目的になりません(著13条4号)。しかし，私人が判決を翻訳したものは，著作権法上，権利の目的になり得ます。

77

正解: ウ

ア　不適切

データベースは，編集著作物から除外されています（著12条1項かっこ書)。

イ　不適切

編集著作物として保護を受けるためには，その素材の選択又は配列によって創作性を有することが必要であり（著12条1項)，素材の著作物の著作者の許諾を得る必要はありません。

ウ　適切

編集著作物とは，編集物(データベースに該当するものを除く)であって，その素材の選択又は配列によって創作物を有するものです(著12条1項)。

実技問題

78 ～ 83 **(42回　実技　問7～問12)**

旅行会社X社の**甲**は，著作物について発言１～３をしている。

発言１　「最近人気の特産品を開発した食品メーカーY社の**乙**を招いて，開発ストーリーを講演してもらいました。この講演は，著作権法上の著作物として保護されません。」

発言２　「全国の特産品を独自の観点で選び，特産品の特徴，販売店その他の情報を見やすいように分類したパンフレットを作りました。このパンフレットは，これまでテレビ等で紹介されたことのなかった特産品を取り扱っている販売店も多数紹介されていると好評ですが，このパンフレットは，著作権法上の著作物として保護されません。」

発言３　「来年の秋から，わが社は特産品関係の新しい通信販売サービスを行う予定です。そこで，この通信販売サービスの名称として，ローマ字５文字からなるものを考えました。このサービスの名称を明朝体で表しただけの文字は，著作権法上の著作物として保護されません。」

以上を前提として，**問 78 ～問 83** に答えなさい。

78 発言１について，適切と考えられる場合は「○」と，不適切と考えられる場合は「×」と答えなさい。

79 問78において，適切又は不適切であると判断した理由として，最も適切と考えられるものを【理由群Ⅳ】の中から１つだけ選びなさい。

【理由群Ⅳ】
ア 著作物にあたらないため
イ 言語の著作物にあたるため
ウ 編集著作物にあたるため

80 発言２について，適切と考えられる場合「○」と，不適切と考えられる場合は「×」と答えなさい。

81 問80において，適切又は不適切であると判断した理由として，最も適切と考えられるものを【理由群Ⅴ】の中から１つだけ選びなさい。

【理由群Ⅴ】
ア 著作物にあたらないため
イ 保護の対象とならない著作物にあたるため
ウ 編集著作物にあたるため

82 発言３について，適切と考えられる場合は「○」と，不適切と考えられる場合は「×」と答えなさい。

83 問82において，適切又は不適切であると判断した理由として，最も適切と考えられるものを【理由群Ⅵ】の中から１つだけ選びなさい。

【理由群Ⅵ】
ア 美術の著作物にあたるため
イ 言語の著作物にあたるため
ウ 著作物にあたらないため

解答解説

78 正解：×（不適切）

79 正解：イ

講演は，言語の著作物として保護されます（著10条1項1号）。

80 正解：×（不適切）

81 正解：ウ

編集物であるパンフレットは，その素材の選択又は配列によって創作性を有する場合，編集著作物として保護されます（著12条1項）。全国の特産品を独自の観点で選び，情報を見やすいように分類したパンフレットは，その素材の選択又は配列によって創作性を有するといえるので，このパンフレットは編集著作物として保護されます。

82 **正解: ○(適切)**

83 **正解: ウ**

著作物とは，思想又は感情を創作的に表現したものであって，文芸，学術，美術又は音楽の範囲に属するものをいいます(著2条1項1号)。ローマ字5文字からなるものを明朝体で表しただけの文字は，ありふれた表現であって，創作的に表現したものとはいえず，著作物に該当しません。

20.著作者

重要Point

・**著作者**とは，著作物を創作する者をいい，単なる資金提供者など実際に著作物を創作していない者は著作者には該当しない

・**共同著作物**とは，二人以上の者が共同して創作した著作物であって，分離して個別的に利用できない一つの著作物をいう

・会社の従業員が，職務として著作物を創作した場合には，その会社（法人）が著作者となり，著作者人格権と著作（財産）権を有することになる

・**職務著作**（**法人著作**）の成立要件

> ①会社等の**発意**に基づくこと
> ②会社等の業務に従事する者が**職務上作成**すること
> ③会社等が**自社**の**名義**のもとに**公表**すること（**プログラムの著作物を除く**）
> ④作成時に，従業者を著作者とするといった契約等の**特別な定め**がないこと

・映画の著作物の著作者は，**映画プロデューサー**や**映画監督**など，その映画の**全体的形成**に**創作的**に寄与した者となる

・著作者が**映画製作者**に対して，その映画の著作物の製作に**参加**することを**約束**している場合には，映画の著作物の**著作（財産）権**は映画製作者に帰属する

学科問題

84　　　**（42回　学科　問10）**

ア～ウを比較して，職務著作に関して，最も**不適切**と考えられるものはどれか。

ア　法人の発意に基づき法人の業務に従事する者が職務上作成するものであれば，法人以外が著作者となることはない。

イ　プログラムの著作物については，法人の著作者名義の下に公表しなくても職務著作となることがある。

ウ　法人の業務に従事する者により職務上作成されるものであれば，勤務時間外に自宅で作成してもその法人が著作者となることがある。

解答解説

84 **正解: ア**

職務著作の成立要件は，①法人等の発意に基づくこと，②その法人等の業務に従事する者が職務上作成する著作物であること，③その法人等が自己の著作の名義の下に公表すること(プログラムの著作物を除く)，④その作成の時における契約，勤務規則その他に別段の定めがないことです(著15条)。

ア　不適切

法人の発意に基づき法人の業務に従事する者が職務上作成するものであっても，プログラム以外の著作物の場合には③④の要件を，プログラムの著作物の場合には④の要件を満たさなければ，職務著作とは認められないため，法人以外が著作者となることがあります。

イ　適切

プログラムの著作物については，③の要件は不要です（著15条2項)。したがって，プログラムの著作物については，法人の著作者名義の下に公表しなくても職務著作となることがあります。

ウ　適切

法人の業務に従事する者により職務上作成されるものであれば，勤務時間外に自宅で作成しても，職務著作のすべての要件を満たすものと認められるならば，その法人が著作者となることがあります。

85

（39回　学科　問16）

ア～ウを比較して，映画の著作物の著作者になり得る者として，最も適切と考えられるものはどれか。

ア　映画の著作物において翻案された小説の著作者
イ　映画の著作物の製作に発意と責任を有する者
ウ　映画の著作物の全体的形成に創作的に寄与した者

解答解説

85　　**正解: ウ**

映画の著作物の著作者は，その映画の著作物において翻案され，又は複製された小説，脚本，音楽その他の著作物の著作者を除き，制作，監督，演出，撮影，美術等を担当してその映画の著作物の全体的形成に創作的に寄与した者がなり得ます（著16条）。

ア　不適切

映画の著作物において翻案された小説の著作者は，映画の著作物の著作者から除外されていますので（著16条），映画の著作物の著作者にはなり得ません。

イ　不適切

映画の著作物の製作に発意と責任を有する者は，映画製作者であり一定の場合には著作権者になり得ますが（著2条1項10号，29条1項），その映画の著作物の全体的形成に創作的に寄与した者ではないので，映画の著作物の著作者にはなり得ません。

ウ　適切

映画の著作物の全体的形成に創作的に寄与した者は，映画の著作物の著作者になり得ます（著16条）。

86

（43回　実技　問15）

人工知能ソフトウエア開発会社であるX社では，自社のウェブサイトを，自社で作成するか又はウェブサイト制作会社のY社に作成を依頼するかについて検討している。**ア～ウ**を比較して，X社の従業員の発言として，最も**不適切**と考えられるものを１つだけ選びなさい。

ア「ウェブサイトの作成の技術を有するわが社の従業員が職務としてウェブサイトを作成すれば，そのウェブサイトの著作者はわが社になるから，わが社の従業員はウェブサイトを自由に更新することができます。」

イ「Y社に著作者人格権と著作権の譲渡を約束させた上で，ウェブサイトの作成の業務を委託すれば，わが社の従業員はウェブサイトを自由に更新することができます。」

ウ「Y社と著作権の取扱について契約せずにウェブサイトの作成を依頼すると，ウェブサイトの著作者はY社になるから，わが社の従業員はウェブサイトを自由に変更することができません。」

86　　正解：イ

ア　適切

職務著作の成立要件は，①法人等の発意に基づくこと，②その法人等の業務に従事する者が職務上作成する著作物であること，③その法人等が自己の著作の名義の下に公表すること（プログラムの著作物を除く），④その作成の時における契約，勤務規則その他に別段の定めがないことです（著15条）。したがって，従業員が職務としてウェブサイトを作成すれば（②を満たす），その他の条件（①③④）を満たすことで職務著作が成立し，そのウェブサイトの著作者はX社となるので，X社の従業員はウェブサイトを自由に更新できます。

イ　不適切

ウェブサイトの著作物についての著作者は，それを制作したウェブサイト制作会社であり（著2条1項2号，15条），著作権及び著作者人格権を有します（著17条1項）。したがって，ウェブサイトを自由に更新するためには，著作権の譲渡が必要になりますが（著61条1項），著作者人格権は，著作者の一身に専属し，譲渡することができません（著59条）。

ウ　適切

ウェブサイト制作会社に業務委託してウェブサイトを作成すると，そのウェブサイトの著作者は，実際に創作活動を行ったウェブサイト制作会社になります（著2条1項2号，17条1項）。したがって，権利者に無断でそのウェブサイトの変更をすると，翻案権（27条），同一性保持権（著20条1項）を侵害するので，X社の従業員はウェブサイトを自由に変更できません。

21.著作者人格権

重要Point

・著作者の権利は，**著作者人格権**と**著作（財産）権**の大きく2つに分けられる
・**著作者人格権**とは，著作者の人格的・精神的利益を保護するための権利である
・**公表権**とは，著作者が，未公表の著作物を**公表**するかしないか，公表する場合は時期や方法を決定できる権利をいう
・**氏名表示権**とは，著作者が，著作物に著作者名を表示するかしないか，表示する場合は**実名**か**変名**かを決めることができる権利をいう
・**同一性保持権**とは，**著作物**とその**題号**（**タイトル**）について，著作者の**意に反する切除**や**改変**などを加えることを禁止できる権利をいう

学科問題

87　　（41回　学科　問2）

ア～ウを比較して，著作者人格権に関して，最も**不適切**と考えられるものはどれか。

ア　著作者は文化庁への登録をしなくても著作者人格権を有する。
イ　著作者の意に反して著作物の題号を改変することは，同一性保持権の侵害となる。
ウ　著作者の死後に著作物が改変された場合，何人もこの改変行為を差し止めることはできない。

解答解説

87

正解: ウ

ア　適切

著作権法では，いわゆる無方式主義を採用しており，著作者人格権及び著作権の享有には，いかなる方式の履行をも要しません(著17条2項)。

イ　適切

同一性保持権は，その著作物と題号について，著作者の意に反する切除や改変などを行うことを禁止できる権利です（著20条1項)。したがって，著作者の意に反して著作物の題号を改変することは，同一性保持権の侵害となります。

ウ　不適切

著作物を公衆に提供し，又は提示する者は，その著作物の著作者が存しなくなった後においても，著作者が存しているとしたならばその著作者人格権の侵害となるべき行為をしてはならず（著60条)，その遺族は，そのような行為をする者又はするおそれがある者に対し，差止請求をすることができます(著116条1項)。したがって，著作物の改変が，著作者が存しているとしたならば著作者の意に反する改変，すなわち同一性保持権（著20条1項）の侵害に該当したであろう場合には，その遺族はこの改変行為を差し止めることができます。

実技問題

88 **（33回　実技　問15）**

ア～ウを比較して，著作権法上の同一性保持権の侵害に該当する可能性が高い行為として，最も適切と考えられるものはどれか。

ア　会社の会議室に飾るため，著作者から購入した絵画の一部の色を会議室の雰囲気に合うように変更する行為

イ　老朽化したため，有名な建築家が設計した美術館を改築する行為

ウ　公立高校の入学試験の問題を作成するため，新聞記事の一部を引用し，引用部分の一部を空欄にする行為

解答解説

88

正解: ア

ア　適切

会議室の雰囲気に合わせるため，著作者から購入した絵画の一部の色を変更する行為は，著作者の意に反して改変する行為に該当するため，同一性保持権の侵害となります(著20条１項)。

イ　不適切

著作者の意に反してその著作物の変更，切除その他の改変をした場合には，同一性保持権の侵害に該当しますが（著20条１項），建築物の増築，改築，修繕又は模様替えによる改変は，同一性保持権の侵害に該当しません（著20条２項２号)。したがって，有名な建築家が設計した美術館が老朽化したため，改築する行為は，同一性保持権の侵害に該当しません。

ウ　不適切

著作者の意に反してその著作物を改変する場合には，原則として同一性保持権の侵害となりますが（著20条１項），公立高校の入学試験の問題を作成するため，新聞記事の一部分を引用し引用部分の一部を空欄にする行為は，著作物の性質並びにその利用の目的及び態様に照らしやむを得ないと認められる改変に該当するため，同一性保持権の侵害に該当しません(著20条２項４号)。

22.著作(財産)権

重要Point

・著作(財産)権の一覧

複製権	無断で著作物を複製(コピー)されない権利
上演権および演奏権	無断で著作物を公に上演,または演奏されない権利
上映権	無断で著作物を公に上映されない権利
公衆送信権	無断で著作物を公衆送信(または送信可能化)されない権利
口述権	無断で言語の著作物を公に口述されない権利
展示権	無断で美術の著作物,または未発行の写真の著作物を,これらの原作品により公に展示されない権利
頒布権	無断で映画の著作物をその複製物により, 頒布されない権利
譲渡権	無断で著作物をその原作品または複製物の譲渡により,公衆に提供されない権利
貸与権	無断で著作物をその複製物の貸与により,公衆に提供されない権利
翻訳権・翻案権等	無断で著作物を翻訳,編曲,翻案等されない権利
二次的著作物の利用に関する原著作者の権利	二次的著作物の原著作物の著作者は,二次的著作物の著作者が有するものと同一の種類の権利が認められる

学科問題

89 **(34回　学科　問18)**

ア〜ウを比較して，著作権に関して，最も適切と考えられるものはどれか。

ア　著作権者から彫刻の原作品を購入した者は，その彫刻の著作権者の許諾を得ずに，その彫刻の原作品を撮影し，当該撮影した画像を公衆送信することができる。

イ　著作権者から絵画の原作品を購入した者は，その絵画の著作権者の許諾を得ずに，その絵画の原作品を有償で第三者に譲渡することができる。

ウ　著作権者から言語の著作物の複製物を購入した者は，その言語の著作物の著作権者の許諾を得ずに，その言語の著作物を有償で公衆に口述することができる。

解答解説

89

正解：イ

ア　不適切

著作権者から彫刻の原作品を購入した場合，その譲渡権は消尽していますが（著26条の２第２項１号），公衆送信権については消尽しません。したがって，彫刻の原作品を購入した者が，その彫刻の原作品を著作権者に無断で撮影し，その画像を公衆送信すると，原則として，公衆送信権の侵害となります（著23条）。

イ　適切

著作権者に無断で著作物を譲渡すると，譲渡権の侵害となりますが（著26条の２第１項），著作権者が著作物を一旦適法に市場にて販売した場合には，譲渡権が消尽し，その後の譲渡について譲渡権は及びません（著26条の２第２項１号）。したがって，著作権者から絵画の原作品を購入した者は，その著作権者の許諾なく，その絵画の原作品を第三者に譲渡することができます。

ウ　不適切

権利者に無断で言語の著作物を公衆に口述すると，口述権の侵害となります（著24条）。なお，著作権者から購入した複製物については，譲渡権は消尽していますが（著26条の２第２項１号），支分権はそれぞれ独立した権利なので，口述権については消尽しません。

学科問題

90 **(41回　学科　問25)**

ア～ウを比較して，著作権の存続期間に関して，最も**不適切**と考えられるものはどれか。

ア　個人の著作物の著作権の存続期間が満了しているかどうかを判断するためには，その著作者の死亡年だけでなくその月日も調査しなければならない。
イ　映画の著作物の著作権は，創作後70年以内に公表されないときは，創作後70年を経過するまでの間存続する。
ウ　著作権の存続期間は，著作物の創作の時に始まる。

91 **(40回　学科　問10)**

ア～ウを比較して，著作権に関して，最も適切と考えられるものはどれか。

ア　著作権者から許諾を得て適法に販売された写真の著作物の複製物の所有者は，有償であっても著作権者に無断で公衆に貸与することができる。
イ　著作権者から許諾を得て適法に販売された映画の著作物の複製物の所有者は，有償であっても著作権者に無断で公衆への上映目的で貸与することができる。
ウ　著作権者から許諾を得て適法に販売された音楽の著作物の複製物の所有者は，有償であっても著作権者に無断で公衆に譲渡することができる。

解答解説

90

正解: ア

ア　不適切

著作者の死後70年の期間の終期を計算する際には，著作者が死亡した日の属する年の翌年から起算されますので（著57条），著作者の死亡年だけ調査すれば十分です。

イ　適切

映画の著作物の著作権は，創作後70年以内に公表されないときは，創作後70年を経過するまで存続します(著54条1項かっこ書)。

ウ　適切

著作権の存続期間は，著作物の創作の時に始まります(著51条1項)。

91

正解: ウ

ア　不適切

著作権者に無断で著作物を他人に貸与することは，原則として，貸与権の侵害になります（著26条の3）。また，貸与には消尽という観念がありません。したがって，権利者から許諾を得て適法に販売された写真を権利者に無断で他人に貸与すると，貸与権の侵害になります。

イ　不適切

映画の著作物の複製物を譲渡，又は貸与することを頒布といい，著作権者に無断で映画の著作物を頒布すると，頒布権の侵害となる可能性があります(著26条1項)。頒布とは，「有償であるか又は無償であるかを問わず，複製物を公衆に譲渡し，又は貸与することをいい，映画の著作物又は映画の著作物において複製されている著作物にあっては，これらの著作物を公衆に提示することを目的として当該映画の著作物の複製物を譲渡し，又は貸与することを含むもの」(著2条1項19号)です。

ウ　適切

音楽の著作物の譲渡は，譲渡権の侵害となる可能性がありますが（著26条の2第1項），権利者から許諾を得て適法に販売された場合には，その著作物についての譲渡権は消尽しており，再譲渡について譲渡権の効力は及びません(著26条の2第2項1号)。したがって，この場合には譲渡権の侵害となりません。

実技問題

92　　**（37回　実技　問21）**

画家**甲**は，富士山を描いた絵画Ａを展覧会で発表した。絵画Ａを見た**乙**は，**甲**から絵画Ａを購入しすべての著作権の譲渡も受けた。**ア～ウ**を比較して，**乙**の行為として，問題（トラブル）が発生する可能性が高いものとして，最も適切と考えられるものはどれか。なお，いずれの場合についても，**甲**の許諾は得ていないものとする。

ア　自分の氏名を絵画Ａの著作者として記載した上で，自己の開設するブログに絵画Ａを掲載する行為
イ　絵画Ａの写真を撮り，その写真を販売する行為
ウ　放送事業者Ｘ社に，絵画Ａをテレビ放送することについて有償で許諾する行為

92

正解: ア

絵画Ａは，美術の著作物に該当し（著２条１項１号，10条１項４号），画家甲は著作者として著作権及び著作者人格権を有します（著２条１項２号，17条１項）。乙は，甲からその絵画Ａの原作品と著作権の譲渡を受けたので，その絵画Ａについての所有権と著作権を有しています。ただし，著作者人格権については，著作者の一身に専属し，譲渡することができないため（著59条），著作権の譲渡後であっても，甲は絵画Ａについて著作者人格権（公表権，氏名表示権，同一性保持権）を有します（著18条～20条）。

ア　適切

甲は，その著作物の原作品，又はその著作物の公衆への提供もしくは提示に際し，その実名もしくは変名を著作者名として表示し，又は著作者名を表示しないことを決定することができる氏名表示権を有します（著19条１項）。したがって，甲の許諾なく，乙が自分の氏名を絵画Ａの著作者として記載してブログに掲載することは，甲の氏名表示権の侵害になります。

イ　不適切

絵画Ａの写真を撮り，その写真を販売することは，複製（著２条１項15号）及び譲渡による公衆への提供に該当し，複製権，譲渡権の効力が及びます（著21条，26条の２第１項）。しかし，絵画Ａの著作権者は乙自身なので，問題が発生することはありません。

ウ　不適切

絵画Ａについての著作権を有する乙は，他人に対し，絵画Ａの利用を許諾することができます（著63条１項）。乙が有する著作権には，絵画Ａについての公衆送信権が含まれますので（著23条１項），乙は，放送事業者Ｘ社に対して，絵画Ａをテレビ放送することについて有償で許諾することができます。

実技問題

93　　**（40回　実技　問20）**

ア～ウを比較して，著作物の利用に関して，最も適切と考えられるものはどれか。

ア　学生が書いた論文Aの誤字を教員が無断で訂正することは，論文Aの翻案権の侵害となる。

イ　**甲**の作文Bを，**乙**が友人**丙**へ電子メールに添付して送信することは，作文Bに係る公衆送信権の侵害とならない。

ウ　友人が旅行先で撮影した画像Cからイメージして作曲することは，画像Cの複製権の侵害となる。

解答解説

93 **正解：イ**

ア　不適切

言語の著作物の翻案（著27条）とは，既存の著作物に依拠し，かつ，その表現上の本質的な特徴の同一性を維持しつつ，具体的表現に修正，増減，変更等を加えて，新たに思想又は感情を創作的に表現することにより，これに接する者が既存の著作物の表現上の本質的な特徴を直接感得することのできる別の著作物を創作する行為をいいます（最高裁　平成13年6月28日　第一小法廷判決）。したがって，学生が書いた論文Ａの誤字を教員が訂正することは，他人の著作物に新たな創作性を加えて作品を創作することには該当しないので，翻案権の侵害とはなりません。

イ　適切

作文Ｂは，言語の著作物に該当し（著10条1項1号），甲は，その著作者に該当するため，作文Ｂについて公衆送信権を有します（著17条1項，23条1項）。ここで，公衆送信とは，公衆によって直接受信されることを目的とした無線通信又は有線電気通信の送信をいいます（著2条1項7号の2）。また，公衆とは，不特定且つ多数の者，あるいは特定且つ多数の者を意味します（著2条5項）。したがって，乙が作文Ｂを丙へ電子メールに添付して送信することは，公衆送信には該当しないので，作文Ｂに係る公衆送信権の侵害とはなりません。

ウ　不適切

画像Ｃは，写真の著作物に該当し（著10条1項2号），著作権者に無断で著作物を複製すると，原則として，複製権の侵害となります（著21条）。ここで，複製とは，印刷，写真，録音，録画その他の方法により有形的に再製することをいいます（著2条1項15号）。画像Ｃからイメージして作曲することは，有形的な再製ではないため，その画像の複製に該当せず，複製権の侵害にはなりません。

94　　　　**(41回　実技　問23)**

甲と**乙**は，フォークデュオXのメンバーである。曲Aはフォークデュオ Xの新しい歌であり，**甲**と**乙**が共同で作詞と作曲を行ったものである。**ア**〜**ウ**を比較して，最も**不適切**と考えられるものはどれか。

ア　**丙**は，**甲**及び**乙**に無断で曲Aを複製したCDを販売している。**甲**は単独で**丙**に自己が有する著作権の持分に基づいて損害賠償を請求することができる。

イ　**甲**が死亡し，**甲**には相続人がいない場合，**甲**が有する著作者人格権は，自動的に**乙**に移転される。

ウ　**甲**が有する著作権の持分を**丁**に譲渡しようとする場合，**甲**は**乙**の同意を得なければ**丁**に譲渡することができない。

解答解説

94 **正解：イ**

ア　適切

曲Ａは音楽の著作物に該当する（著２条１項１号，10条１項２号）と共に，甲と乙が共同で作詞と作曲を行ったものであるから共同著作物に該当し（著２条１項12号），甲と乙はそれぞれ著作者として著作権を有します（著２条１項２号，17条１項）。ここで，共同著作物の各著作権者は，他の著作者又は他の著作権者の同意を得ないで，著作権の侵害に係る自己の持分に対する損害賠償の請求をすることができます（著117条１項）。したがって，甲は単独で丙に自己の持分に基づいて損害賠償を請求することができます。

イ　不適切

著作者人格権は人格権の一種として相続等の移転をすることができないと解されており（民896条），著作権法では移転の典型的なものとして譲渡について確認的に「著作者人格権は，著作者の一身に専属し，譲渡することができない。」と規定されています（著59条）。したがって，甲が死亡した場合，甲が有する著作者人格権は消滅するので，乙に移転されることはありません。さらに，相続人がいた場合でも，著作者人格権を相続することはできません。

ウ　適切

共同著作物の著作権その他共有に係る著作権については，各共有者は，他の共有者の同意を得なければ，その持分を譲渡することができません（著65条１項）。したがって，甲が有する著作権の持分を丁に譲渡しようとする場合，甲は乙の同意を得なければ丁に譲渡することができません。

23.著作権の制限

重要Point

・**私的使用**の目的で**複製**する行為には，著作(財産)権の効力が及ばない
・私的使用の目的であっても，**コピーコントロール**された音楽CDのコピーガードを外して複製することはできない
・**引用**は，**公正な慣行**に合致し，引用の目的上**正当な範囲内**で行われるものでなければならない
・引用する際には，引用箇所が明瞭に区別でき，引用する側が主，引用される側が従である必要がある

学科問題

95　　**(41回　学科　問16)**

ア～ウを比較して，著作権者の許諾を得ないで行うことができる行為として，最も適切と考えられるものはどれか。

ア　公表された著作物を，入学試験の目的上必要と認められる限度において，当該試験の問題として複製する行為
イ　技術的保護手段で保護された著作物を，この技術的保護手段をはずして複製する行為
ウ　営利を目的とした教育機関において，授業で使用する目的で，公表された著作物を複製する行為

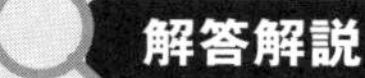

解答解説

95 **正解：ア**

ア　適切

公表された著作物を，入学試験の目的上必要と認められる限度において，当該試験の問題として複製する行為は，原則として，著作権者の許諾を得ないで行うことができる行為に該当します（著36条1項）。

イ　不適切

技術的保護手段で保護された著作物を，その技術的保護手段を外して複製する行為は，それがたとえ私的使用の目的であったとしても，著作権者の許諾を得ないで行うことはできません（著30条1項2号）。

ウ　不適切

学校その他の教育機関において教育を担任する者及び授業を受ける者は，その授業の過程における使用に供することを目的とする場合には，必要と認められる限度において，原則として，公表された著作物を複製することができます（著35条1項）。しかし，営利を目的として設置されている教育機関は，当該規定の適用を受けることができないので（著35条1項かっこ書），授業で使用するためであっても，著作権者の許諾を得ないで公表された著作物を複製することができません。

学科問題

96 （40回　学科　問7）

ア〜ウを比較して，著作権の制限に関して，最も**不適切**と考えられるものはどれか。

ア　未公表の著作物を引用して利用することができる。
イ　私的使用目的であっても，インターネット上で，違法な複製物と知りながら当該複製物をダウンロードすることはできない。
ウ　絵画の著作物の原作品の所有者は，当該著作物の著作権者の許諾を得ずに当該原作品を公に展示することができる。

97 （38回　学科　問11）

ア〜ウを比較して，著作権法上の引用に関する次の文章の空欄 [1] 〜 [2] に入る語句の組合せとして，最も適切と考えられるものはどれか。

公表された他人の著作物を引用して利用する場合は，公正な [1] に合致し，引用の目的上 [2] 範囲内で行われるものでなければならない。

ア　[1] ＝取引　[2] ＝適当な
イ　[1] ＝慣行　[2] ＝正当な
ウ　[1] ＝慣行　[2] ＝明瞭な

解答解説

96

正解：ア

ア　不適切

著作物を引用して利用するためには，①公表された著作物であること，②公正な慣行に合致するものであること，③報道，批評，研究その他の引用の目的上正当な範囲内で行なわれるものであること，の要件を満たす必要があります（著32条１項）。したがって，未公表の著作物を引用して利用することはできません。

イ　適切

私的使用目的であっても，インターネット上で，違法な複製物と知りながら当該複製物をダウンロードする場合には複製権は制限されず（著30条１項３号，４号），複製権の侵害となります（著21条）。

ウ　適切

絵画の著作物の原作品の所有者は，当該著作物の著作権者の許諾を得ずに公に展示することができます（著45条１項）。

97

正解：イ

引用について，著作権法32条１項には，「公表された著作物は，引用して利用することができる。この場合において，その引用は，公正な〔慣行〕に合致するものであり，かつ，報道，批評，研究その他の引用の目的上〔正当な〕範囲内で行なわれるものでなければならない。」と規定されています。

24.著作隣接権

重要Point

- 実演とは，著作物を演劇的に演じ，舞い，演奏し，歌うなどの方法により演ずることであり，実演を行う俳優や歌手，演出家等を実演家という
- **実演家**には著作隣接権者のうち唯一，**実演家人格権**が与えられている
- **レコード製作者**とは，レコードに収録されている音を最初に固定した者である
- レコード製作者の著作隣接権の存続期間は，そのレコードの**発行**が行われた日の属する年の翌年から起算して**70年**を経過した時に満了する
- **放送事業者**や有線放送事業者は，放送する行為に対して，著作隣接権が与えられている

学科問題

98 （41回　学科　問5）

ア～ウを比較して，著作隣接権に関して，最も**不適切**と考えられるものはどれか。

ア　レコード製作者の著作隣接権は，レコードに固定されている音を最初に固定した者に発生する。

イ　実演家は，実演家人格権として，公表権と同一性保持権を有する。

ウ　放送事業者及び有線放送事業者の著作隣接権の存続期間は，その放送又は有線放送が行われた日の属する年の翌年から起算する。

解答解説

98

正解: イ

ア　適切

レコード製作者の著作隣接権は，レコードに固定されている音を最初に固定した者に発生します(著2条1項6号，101条1項2号)。

イ　不適切

実演家人格権には，氏名表示権（著90条の2第1項），同一性保持権（著90条の3第1項)が含まれますが，著作者人格権とは異なり，公表権は含まれません(著89条1項)。

ウ　適切

放送事業者及び有線放送事業者の著作隣接権の存続期間は，その放送又は有線放送が行われた日の属する年の翌年から起算して50年を経過した時に満了します(著101条2項3号，4号)。

99

(42回　学科　問29)

ア〜ウを比較して，実演家の権利として，最も**不適切**と考えられるものはどれか。

ア　同一性保持権
イ　氏名表示権
ウ　公表権

100

(39回　学科　問18)

ア〜ウを比較して，著作隣接権の存続期間に関して，最も適切と考えられるものはどれか。

ア　放送事業者が有する著作隣接権は，その放送が行われた日の属する年の翌年から起算して50年を経過したときに消滅する。
イ　レコード製作者が有する著作隣接権は，そのレコード製作者が死亡した日の属する年の翌年から70年を経過したときに消滅する。
ウ　実演家が有する著作隣接権は，その実演家が死亡した日の属する年の翌年から起算して70年を経過したときに消滅する。

解答解説

99

正解: ウ

ア　適切

実演家は同一性保持権を有します(著90条の3)。

イ　適切

実演家は氏名表示権を有します(著90条の2)。

ウ　不適切

実演家は公表権を有しません(著89条1項)。

100

正解: ア

ア　適切

放送事業者が有する著作隣接権は，その放送が行われた日の属する年の翌年から50年を経過したときに消滅します(著101条2項3号)。

イ　不適切

レコード製作者が有する著作隣接権は，そのレコードの発行が行われた日の属する年の翌年から70年を経過したときに消滅します(著101条2項2号)。

ウ　不適切

実演家が有する著作隣接権は，その実演が行われた日の属する年の翌年から70年を経過したときに消滅します(著101条2項1号)。

実技問題

101 ~ 106　　**(37回　実技　問7〜問12)**

大学生**甲**は，自分で録音したコンテンツA～Cの利用について，大学の著作権法の教授に確認をしようと，発言1～3をしている。

発言1　「先日あるレストランで食事をしていたところ，ピアニスト**乙**が来ていました。**乙**が生演奏をしてくれたので，その場で**乙**の生演奏を録音し，音声ファイルAを作成しました。**乙**が生演奏した楽曲は，19世紀前半を生きたショパンが作曲したものです。音声ファイルAを，**乙**に無断で私のブログに掲載しても問題ありませんよね。」

発言2　「先日ショッピングモールに出かけたところ，登山家**丙**のトークショーがありました。**丙**はトークショーの中で，**丙**が山登りをした時に**丙**が録音した鳥の鳴き声を再生して聞かせてくれたので，その場でその鳥の鳴き声の再生を録音し，音声ファイルBを作成しました。音声ファイルBを，**丙**に無断で私のブログに掲載しても問題ありませんよね。」

発言3　「先日ラジオ放送局X社が放送するラジオ番組を聞いていたところ，X社のアナウンサーがこれから流行しそうな新商品を紹介するコーナーがありました。後で自分で聞き直そうと思い，番組を録音し，音声ファイルCを作成しました。役に立つ内容だったので多くの人に聞いてもらおうと，音声ファイルCを，X社に無断で私のブログに掲載しても問題ありませんよね。」

以上を前提として，**問101～問106**に答えなさい。

101 発言１について，適切と考えられる場合は「○」と，不適切と考えられる場合は「×」と答えなさい。

102 問101において，適切又は不適切であると判断した理由として，最も適切と考えられるものを【理由群Ⅳ】の中から１つだけ選びなさい。

【理由群Ⅳ】
ア 楽曲の著作権が消滅しているため
イ 乙の著作権を侵害するため
ウ 乙の著作隣接権を侵害するため

103 発言２について，適切と考えられる場合は「○」と，不適切と考えられる場合は「×」と答えなさい。

104 問103において，適切又は不適切であると判断した理由として，最も適切と考えられるものを【理由群Ⅴ】の中から１つだけ選びなさい。

【理由群Ⅴ】
ア 丙には何らの権利も生じないため
イ 丙の著作隣接権を侵害するため
ウ 丙の著作隣接権は生じているが，その権利が制限されるため

105 発言３について，適切と考えられる場合は「○」と，不適切と考えられる場合は「×」と答えなさい。

106 問105において，適切又は不適切であると判断した理由として，最も適切と考えられるものを【理由群Ⅵ】の中から１つだけ選びなさい。

【理由群Ⅵ】
ア Ｘ社には何らの権利も生じないため
イ Ｘ社の著作隣接権は生じているが，その権利が制限されるため
ウ Ｘ社の著作隣接権を侵害するため

解答解説

101 **正解: ×（不適切）**

102 **正解: ウ**

ショパンの楽曲は，著作者であるショパンの死後70年以上経過しているので，著作権は消滅しており（著51条2項），著作権について問題になることはありません。一方，楽曲を演奏したピアニスト乙は，著作権法上の実演家に該当し（著2条1項4号），著作隣接権としての録音権や送信可能化権を有します（著91条，92条の2）。したがって，乙に無断で乙の演奏（実演）を録音したり，録音して作成された音声ファイルを乙に無断でブログに掲載することは，乙の著作隣接権を侵害する行為に該当するため，不適切です。

103 **正解: ×（不適切）**

104 **正解: イ**

トークショーの中で再生された鳥の鳴き声を録音した丙は，著作権法上のレコード製作者に該当し（著2条1項6号），著作隣接権としての複製権や送信可能化権を有します（著96条，96条の2）。したがって，再生される鳥の鳴き声を丙に無断で録音したり，録音して作成された音声ファイルを丙に無断でブログに掲載することは，丙の著作隣接権を侵害する行為に該当するため，不適切です。

105 **正解：×（不適切）**

106 **正解：ウ**

ラジオ番組を放送したラジオ放送局Ｘ社は，著作権法上の放送事業者に該当し（著２条１項９号），著作隣接権としての複製権や送信可能化権を有します（著98条，99条の２）。したがって，Ｘ社が放送したラジオ番組をＸ社に無断で録音したり，録音して作成された音声ファイルをＸ社に無断でブログに掲載することは，Ｘ社の著作隣接権を侵害する行為に該当するため，不適切です。

25.著作権の侵害と救済

重要Point

・他人の著作物に**依拠**して(真似て),実質的に同一・類似の範囲にある著作物を無断利用すれば,**著作権侵害**となる

・著作権の登録制度

実名の登録	無名または変名で公表した著作物について,実名の登録ができる
第一発行年月日等の登録	その日に最初の発行(公表)があったものとの推定を受けられる
創作年月日の登録	プログラムの著作物について,創作年月日の登録ができる
著作(財産)権の登録	著作(財産)権の移転は,登録しておくと第三者に対抗できる

学科問題

107 **(39回　学科　問6)**

ア〜ウを比較して,著作権の侵害に関して,最も**不適切**と考えられるものはどれか。

ア　他人の著作物の全体ではなく,一部分だけをそのまま利用して作品を創作した場合であっても,その一部分に創作性があれば,著作権の侵害となる。

イ　他人の著作物に,新たな創作性を加えて作品を創作した場合は,表現上の本質的特徴が他人の著作物と同じであっても,著作権の侵害とならない。

ウ　他人の著作物と表現上の本質的特徴を同じくする作品を,たまたま創作してしまった場合であっても,その他人の著作物の存在を知らなかったときは,著作権の侵害とならない。

解答解説

107

正解: イ

ア　適切

他人の著作物の全体ではなく，一部分だけをそのまま利用して作品を創作した場合であっても，その一部分に創作性があれば，既存の著作物に依拠し，その内容及び形式を覚知させるに足りるものを再製しているといえるので，他人の著作物の複製にあたり，著作権の侵害となります。

イ　不適切

既存の著作物に依拠し，かつ，その表現上の本質的な特徴の同一性を維持しつつ，具体的表現に修正，増減，変更等を加えて，新たに思想又は感情を創作的に表現することにより，これに接する者が既存の著作物の表現上の本質的な特徴を直接感得することのできる別の著作物を創作することは著作権を侵害する行為となります(最高裁　平成13年6月28日　第一小法廷判決)。したがって，他人の著作物に，新たな創作性を加えて作品を創作した場合，本質的特徴が他人の著作物と同じであれば，著作権の侵害となります。

ウ　適切

著作物の複製とは，既存の著作物に依拠し，その内容及び形式を覚知させるに足りるものを再製することをいい，著作者に無断で複製すると，著作権を侵害する行為となります。一方，他人の著作物と同一のものをたまたま創作した場合でも，その他人の著作物の存在を知らなかったならば，既存の著作物に依拠した作品を再製したものといえないため，著作権の侵害となりません(最高裁　昭和53年9月7日　第一小法廷判決)。

学科問題

108　　**(37回　学科　問27)**

ア～ウを比較して，著作権法における登録制度に関して，最も適切と考えられるものはどれか。

ア　無名又は変名で公表された著作物について実名の登録がされている者は，その登録に係る著作物の著作者と推定される。

イ　美術の著作物の創作年月日を登録しておくことにより，その登録に係る年月日にその美術の著作物が創作されたものと推定される。

ウ　著作権の登録は，権利の発生要件である。

解答解説

108

正解: ア

ア　適切

無名又は変名で公表した著作物について，著作者の実名を登録しておくことにより，その者が著作物の著作者であると推定されます(著75条3項)。

イ　不適切

創作年月日を登録しておくことにより，その日に創作されたものと推定されるのは，プログラムの著作物であり（著76条の2第1項)，美術の著作物ではありません。

ウ　不適切

著作権法では，著作権の享有にいかなる方式も要しないという無方式主義を採用しているため（著17条2項)，著作権の発生要件として登録は必要ではなく，創作と同時に権利が発生します（著51条1項)。著作権の登録は，著作権の移転等がされたことを第三者に対して主張するための第三者対抗要件です(著77条)。

実技問題

109　　　**(42回　実技　問19)**

ア～ウを比較して，著作権の侵害に関して，最も適切と考えられるものはどれか。

ア　著名な画家直筆の似顔絵を友人に貸す行為は，貸与権の侵害とはならない。

イ　公園の風景を撮影した際に公園の入口にあった映画のポスターが意図せず小さく写り込んでしまった写真を雑誌に掲載する行為は，複製権の侵害となる。

ウ　自分の母親が会社の業務で使用するために，母親に頼まれて市販の雑誌をコピーする行為は，私的使用のための複製にあたり，複製権の侵害とはならない。

解答解説

109 **正解: ア**

ア　適切

著作物の複製物を，無断で，公衆に対して貸与する場合，貸与権の侵害になります(著26条の3)。しかしながら，著名な漫画家のイラストは，美術の著作物(著10条1項4号)の原作品であって複製物には該当しないため，貸与権の侵害とはなりません。

イ　不適切

映画のポスターを著作権者に無断で雑誌に掲載する行為は，複製（著2条1項15号)に該当するので，原則として複製権の侵害になります(著21条)。ただし，写真の撮影等の方法によって著作物を創作するにあたって，当該著作物（写真等著作物）に係る写真の撮影等の対象とする事物又は音から分離することが困難であるため付随して対象となる事物又は音に係る他の著作物(付随対象著作物)は，原則として当該創作に伴って複製することができます（著30条の2第1項)。意図せず小さく写真に写り込んでしまった映画のポスターは，付随対象著作物に該当します。したがって，そのポスターが写り込んだ写真を雑誌に掲載することは複製権の侵害とはなりません。

ウ　不適切

市販の雑誌をコピーする行為は，原則として複製権の侵害となりますが(著21条)，個人的に又は家庭内その他これに準ずる限られた範囲内において使用するために(私的使用目的)，その使用する者が複製する場合には，複製権の侵害とはなりません（著30条1項)。ここで，会社の業務での使用目的は，私的使用目的に該当せず，また，実際に使用する者に頼まれた者による複製は，その使用する者が複製する場合にも該当しないので，著作権法30条1項の規定の適用を受けることができず，複製権の侵害となります(著21条)。

その他の知的財産に関する法律

26.不正競争防止法

重要Point

・不正競争行為の類型

周知表示混同惹起行為	他人の周知な商品等表示を使用するなどして， 他人の商品等と混同を生じさせる行為
著名表示冒用行為	他人の著名な商品等表示を使用するなどの行為
商品形態模倣行為	他人の商品の形態を模倣した商品を販売等する行為
営業秘密不正取得等行為	不正な手段により営業秘密を取得等する行為
原産地等誤認惹起行為	商品等の品質を誤認させるような表示をする等の行為
競争者営業誹謗行為	競争関係にある他人の信用を失わせるような行為

学科問題

110 　　　　(36回　学科　問16)

ア～ウを比較して，不正競争防止法における限定提供データに関する次の文章の空欄 [1] ～ [3] に入る語句の組合せとして，最も適切と考えられるものはどれか。

限定提供データとは，業として特定の者に提供する情報として [1] により [2] され，及び管理されている技術上又は営業上の情報（ [3] を除く。）をいう。

ア [1] ＝技術的手段
[2] ＝蓄積
[3] ＝事業活動に有用でないもの

イ [1] ＝情報通信手段
[2] ＝収集
[3] ＝公然と知られているもの

ウ [1] ＝電磁的方法
[2] ＝相当量蓄積
[3] ＝秘密として管理されているもの

解答解説

110

正解: ウ

限定提供データとは，業として特定の者に提供する情報として電磁的方法により相当量蓄積され，及び管理されている技術上又は営業上の情報（秘密として管理されているものを除く。）をいいます（不競２条７項）。

学科問題

111

（41回　学科　問4）

ア〜ウを比較して，不正競争防止法に規定されている不正競争行為として，最も**不適切**と考えられるものはどれか。

ア　競争関係にない他人の営業上の信用を害する虚偽の事実を告知する行為
イ　他人の商品の形態を模倣した商品を販売する行為
ウ　商品の品質を誤認させるような表示をする行為

112

（43回　学科　問15）

ア〜ウを比較して，不正競争防止法に関して，最も適切と考えられるものはどれか。

ア　他人の商品が周知又は著名でなくても，その他人の商品と形態が同一の商品を販売する行為が，不正競争行為に該当することがある。
イ　商品について，その原産地や品質を誤認させるような表示をする行為は，不正競争行為に該当しない。
ウ　特許権の侵害である旨の警告書を競争相手の取引先に対して送付する行為は，競争相手の営業上の信用を害する行為であるから，直ちに不正競争行為に該当する。

解答解説

111

正解: ア

ア　不適切

競争関係にある他人の営業上の信用を害する情報が虚偽である場合には，その情報を告知又は流布する行為は，不正競争行為に該当します(不競２条１項21号)。

イ　適切

他人の商品の形態を模倣した商品を譲渡(販売)する行為は，他人の商品等と混同を生じさせるかどうかにかかわらず，不正競争行為に該当します（不競２条１項３号)。

ウ　適切

商品の品質を誤認させるような表示をする行為は，不正競争防止法に規定されている不正競争行為に該当します(不競２条１項20号)。

112

正解: ア

ア　適切

他人の商品が周知又は著名であるかどうかにかかわらず，その他人の商品と形態が同一の商品を販売する行為は，不正競争防止法に規定された不正競争行為に該当することがあります(不競２条１項３号)。

イ　不適切

不正競争防止法では，「その商品の原産地や品質，その役務の質等について誤認させるような表示をし，又はその表示をした商品を譲渡等し，もしくはその表示をして役務を提供する行為」を不正競争行為として規定しています(不競２条１項20号)。

ウ　不適切

競争関係にある他人の営業上の信用を害する事実を告知又は流布したとしても，その内容が真実であれば，不正競争行為に該当しません(不競２条１項21号)。したがって，競争相手の取引先に特許権の侵害である旨の警告書を送付しても，それが真実であるならば，不正競争防止法に該当しない場合があります。

27.民法

重要Point

- **申込み**と**承諾**の**意思表示**が合致していても，要件を満たさなければ有効な**契約**とは認められない
- 当事者の意思表示に**詐欺**または**強迫**があった場合には，その意思表示を**取り消す**ことができる
- 契約は，内容が確定でき，適法なもので，社会的に妥当と認められるものでなければならない
- 契約の相手方が，契約の内容を履行しないことを**債務不履行**という
- **強制履行**とは，裁判所に申立てることにより，債務不履行の相手方に，強制的に契約内容の履行を実現させることをいう

学科問題

113　　　　（42回　学科　問11）

ア～ウを比較して，契約内容が履行されない場合の措置として，最も**不適切**と考えられるものはどれか。

ア　自力救済
イ　契約の解除
ウ　強制履行

解答解説

113

正解: ア

ア　不適切

契約の相手方が契約内容を履行しない場合であっても，当事者が直接制裁を加えること，すなわち自力救済は認められていません。

イ　適切

契約の相手方が契約内容を履行しない場合の措置の一つとして，契約を解除することができます(民540条)。

ウ　適切

契約の相手方が契約内容を履行しない場合の措置の一つとして，裁判所に訴えを提起して相手方に契約内容を強制的に履行させること，すなわち強制履行をとることができます(民414条)。

28.独占禁止法

重要Point

私的独占	他の事業者の活動を**排除**して**支配**し, 競争を実質的に制限する行為
不当な取引制限	**カルテル**や**入札談合**など,公正な競争を阻害する行為
不公正な取引方法	公正な競争を妨げるおそれがあるもののうち, **公正取引委員会が指定**する行為

・特許権者であっても,特許権の行使に該当しないことまでをライセンスされた側に要求すると,独占禁止法違反に該当することがある

・独占禁止法違反により,損害を与えた者は,故意・過失の有無を問わず,賠償の責任を免れることができない

学科問題

114 (38回　学科　問13)

ア～ウを比較して,独占禁止法に関して,最も**不適切**と考えられるものはどれか。

ア 事業者が競争者と共同して,ある事業者に対し供給を拒絶する行為は,不公正な取引方法に該当する。

イ 事業者が,他の事業者と共同して対価を決定し,公共の利益に反して,一定の取引分野における競争を実質的に制限する行為は,不当な取引制限に該当する。

ウ 事業者が,いかなる方法をもってするかを問わず,他の事業者の事業活動を排除し,又は支配することにより,公正な競争を阻害するおそれを生じさせることは,私的独占に該当する。

解答解説

114　　正解: ウ

ア　適切

正当な理由なく，競争者と共同して，ある事業者に対して供給を拒絶したり，供給に係る商品等の数量や内容を制限することは，独占禁止法上の不公正な取引方法に該当します(独２条９項１号イ)。

イ　適切

事業者が，他の事業者と共同して対価を決定し，公共の利益に反して，一定の取引分野における競争を実質的に制限する行為は，独占禁止法上の不当な取引制限に該当します(独２条６項)。

ウ　不適切

独占禁止法上の私的独占は，事業者が，いかなる方法をもってするかを問わず，他の事業者の事業活動を排除し，又は支配することにより，公共の利益に反して，一定の取引分野における競争を実質的に制限する行為であり，公正な競争を阻害するおそれを生じさせることではありません(独２条５項)。

115

（36回　学科　問2）

ア～ウを比較して，特許法と独占禁止法の関係に関して，最も適切と考えられるものはどれか。

ア　独占禁止法には，特許法による権利の行使と認められる行為には適用されない旨が規定されている。

イ　独占禁止法は，特許法による損害賠償請求権の行使と認められる行為には適用されないが，差止請求権の行使と認められる行為には適用される。

ウ　独占禁止法は，特許法による権利の行使と認められる行為であっても特段例外についての規定はなく，適用される。

解答解説

115　　**正解: ア**

独占禁止法21条には，特許法による権利の行使と認められる行為に対して独占禁止法が適用されない旨が規定されています。したがって，特許権に基づく差止請求権（特100条1項）を行使する行為についても，独占禁止法は適用されません。

29.種苗法

重要Point

・品種登録要件

区別性	出願時に国内外で公知の品種から明確に区別できること
均一性	同一の繁殖段階に属する植物体のすべてが， 特性の全部において十分に類似すること
安定性	繰り返し繁殖させた後においても，特性の全部が変化しないこと
未譲渡性	出願日から国内で1年（外国では4年）さかのぼった日より前に 業として譲渡されていないこと

・**登録品種**の利用とは，品種の種苗を生産，譲渡等したり，品種の種苗を用いて得られる**収穫物**を生産等する行為をいう

学科問題

116　　　　**（40回　学科　問28）**

ア〜ウを比較して，品種登録の要件に関して，最も**不適切**と考えられるものはどれか。

ア　出願品種の種苗又は収穫物が，日本国内において，品種登録出願の日から1年6カ月前に，業として譲渡されていた場合でも，品種登録を受けることができる。

イ　出願品種の種苗が，出願前に外国で公知であった他の品種と特性の全部によって明確に区別できない場合は，品種登録を受けることができない。

ウ　出願品種について，繰り返し繁殖させた後において特性の一部が変化する場合は，品種登録を受けることができない。

解答解説

116

正解: ア

ア　不適切

出願品種の種苗又は収穫物が，品種登録出願の日から１年さかのぼった日前に，日本国内において業として譲渡されていた場合には，品種登録を受けることができません(種４条２項)。したがって，日本国内において品種登録出願の日から１年６カ月前に譲渡されていた場合には，品種登録を受けることができません。

イ　適切

出願品種の種苗が品種登録を受けるためには，出願前に外国で公知であった他の品種と特性の全部によって明確に区別できることが必要です。したがって，明確に区別できない場合には，品種登録を受けることができません（種３条１項１号)。

ウ　適切

品種登録を受ける要件として，繰り返し繁殖させた後においても特性の全部が変化しないことが必要です(種３条１項３号)。したがって，繁殖が繰り返されることによって特性の一部が変化する場合には，品種登録を受けることができません。

学科問題

117 **（38回　学科　問25）**

ア～ウを比較して，種苗法に基づく品種登録制度に関して，最も適切と考えられるものはどれか。

ア 日本国では，植物の新品種については特許法では保護されないため，種苗法による保護が規定されている。
イ 品種登録出願がされると，出願日から１年経過後に出願公表される。
ウ 育成者権の存続期間は，品種登録の日から起算される。

実技問題

118 **（38回　実技　問16）**

バラの品種Ａの育成者**甲**は，今月中に品種Ａについて種苗法に基づく品種登録出願をしようと考え，**乙**に相談した。**ア～ウ**を比較して，品種登録に関する**乙**の発言として，最も**不適切**と考えられるものはどれか。

ア 「**甲**は半年前から品種Ａを日本国内で継続的に販売していますが，品種登録を受けることはできます。」
イ 「品種Ａは公然知られた他の品種Ｂと特性の全部又は一部によって明確に区別することができないので，品種登録を受けることはできません。」
ウ 「品種Ａはこの分野の通常の知識を有する者であれば容易に育成することができるので，品種登録を受けることはできません。」

解答解説

117 **正解: ウ**

ア　不適切

日本国において，植物の新品種は発明に該当するため(特２条１項)，特許要件を満たすものであれば特許法で保護されることがあります。

イ　不適切

品種登録出願がされると，遅滞なく出願公表されます（種13条１項)。つまり，出願日から１年経過後に出願公表されるわけではありません。

ウ　適切

育成者権の存続期間は，品種登録の日から25年（永年性植物の場合は30年）で終了します（種19条２項)。育成者権の存続期間は，品種登録の日が起算日となっています。

解答解説

118 **正解: ウ**

品種登録を受けるためには，区別性，均一性，安定性，未譲渡性，名称の適切性の要件を満たさなければなりません。

ア　適切

品種登録出願の日から１年さかのぼった日よりも前に国内で業として譲渡したときには，品種登録を受けることができません(種４条２項)。したがって，半年前から品種Ａを日本国内で継続的に販売していたとしても，最初の販売から１年以内に出願すれば，品種登録を受けることはできます。

イ　適切

出願時に国内外で公然知られた他の品種と特性の全部又は一部によって明確に区別することができない場合には，品種登録を受けることはできません（種３条１項１号)。

ウ　不適切

品種登録の要件として，特許法の進歩性のような要件はありません。つまり，品種登録を受けるうえで，その分野の通常の知識を有する者が容易に育成できる品種であっても品種登録を受けることはできます。

実技問題

119　　**(40回　実技　問19)**

X社は品種Aについて品種登録を受けている。**ア～ウ**を比較して，育成者権に関して，最も**不適切**と考えられるものはどれか。

ア　品種Aに係る登録品種の育成方法についての特許権を有しているY社が，当該特許に係る方法により生産した品種Aの種苗を譲渡する場合には，X社の許諾を得る必要はない。

イ　X社から購入した品種Aの特性を確認するために研究機関で品種Aの種苗を増殖する場合には，X社の許諾を得る必要はない。

ウ　X社から購入した品種Aの種苗を育てて得られた収穫物を販売する場合，X社の許諾を得る必要がある。

解答解説

119 **正解: ウ**

ア　適切

登録品種の育成方法について特許権を有する者が，当該特許に係る方法により登録品種の種苗を生産等する行為に対して，育成者権の効力は及びません（種21条1項2号）。したがって，登録品種の育成方法についての特許権を有する者であれば，当該特許に係る方法により登録品種の種苗を生産し，譲渡することができます。

イ　適切

新品種の育成その他の試験又は研究のためにする品種の利用に対して，育成者権の効力は及びません（種21条1項1号）。したがって，品種Aの特性を確認するために研究機関で品種Aの種苗を増殖する場合には，育成者権者であるX社の許諾を得る必要はありません。

ウ　不適切

育成者権者の行為によって登録品種等の種苗が譲渡されたとき，当該登録品種の育成者権の効力は，その譲渡された種苗や収穫物の利用には及びません（種21条2項）。したがって，育成者権者であるX社から購入した品種Aの種苗を育てて得られた収穫物を販売する場合，X社の許諾を得る必要はありません。

30.弁理士法

重要Point

・**弁理士**は，知的財産に関する専門家として，知的財産権の適正な保護および利用の促進その他の知的財産に係る制度の適正な運用に寄与し，もって経済および産業の発達に資することを使命としている
・弁理士以外の者は，他人の求めに応じて，以下の業務を行うことはできない

①特許等に関する特許庁における手続きの代理
②上記手続きに係る事項に関する鑑定
③政令で定める書類もしくは電磁的記録の作成

・弁理士は，特許権等の**侵害訴訟**では，**弁護士**と共にでなければ，訴訟代理人にはなれない
・弁理士以外の者であっても，業として，特許料等の**納付**や特許原簿等への**登録申請**の手続きを行うことができる

学科問題

120 **（36回　学科　問29）**

ア～ウを比較して，弁理士法における弁理士が他人の求めに応じ報酬を得て行うことができる独占業務とされているものとして，最も適切と考えられるものはどれか。

ア　特許料の納付手続
イ　特許原簿への登録申請手続
ウ　特許出願の手続

解答解説

120 **正解: ウ**

弁理士又は弁理士法人でない者が他人の求めに応じ報酬を得て行うことができない業務，すなわち，弁理士等の独占代理業務は以下のとおりです（弁理士法75条）。

・特許，実用新案，意匠，商標，国際出願もしくは，国際登録出願に関する特許庁における手続についての代理
・特許，実用新案，意匠もしくは商標に関する行政不服審査法の規定による審査請求もしくは裁定に関する経済産業大臣に対する手続についての代理
・上記の手続きに係る事項に関する鑑定，政令で定める書類もしくは電磁的記録の作成

一方，特許原簿への登録申請手続についての代理，及び特許料や登録料の納付手続についての代理は，弁理士が行う独占的な代理業務から除かれています（弁理士法75条，弁理士法施行令７条）。

実力テスト
学科問題

問1 **37回　学科　問17**

ア〜ウを比較して，最も適切と考えられるものはどれか。

ア　放送事業者は人格権を有する。
イ　レコード製作者は，送信可能化権を有しない。
ウ　実演に関する著作隣接権の存続期間は，当該実演を行った時に始まる。

問2 **38回　学科　問6**

ア〜ウを比較して，特許協力条約（PCT）に基づく国際出願の国際出願日として認められる日として，最も適切と考えられるものはどれか。

ア　国際調査機関が，記録原本を受理した日
イ　国際事務局が，国際調査報告を受理した日
ウ　受理官庁が，国際出願を受理した日

問3 **39回　学科　問23**

ア〜ウを比較して，不正競争防止法に規定する不正競争行為に関して，最も**不適切**と考えられるものはどれか。

ア　他人の商品の形態と同一形態の商品を開発する行為は，商品形態模倣行為に該当しない。
イ　意匠登録出願がされていない他社の商品の形態を模倣した商品をその他社の商品の最初の販売から６年経過した時点で販売する行為は，商品形態模倣行為に該当する。
ウ　商標登録出願がされていない他人の周知商標に類似する商標を使用する行為であっても，周知表示混同惹起行為に該当しない場合がある。

問4 **38回　学科　問16**

ア～ウを比較して，特許出願の出願審査請求に関して，最も適切と考えられるものはどれか。

ア　特許出願の日から１年を経過すると，出願審査請求をしたものとみなされる。
イ　第三者は，出願審査請求をすることができる。
ウ　出願審査請求を取り下げることができるのは，特許出願人に限られる。

問5 **41回　学科　問28**

ア～ウを比較して，意匠登録出願の説明として，最も**不適切**と考えられるものはどれか。

ア　複数の意匠についての出願を，一の願書により出願することができる。
イ　同時に使用される二以上の物品であって経済産業省令で定めるものを構成する物品に係る意匠は，組物全体として統一があるときは，一意匠として出願することができる。
ウ　店舗，事務所その他の施設の内部の設備及び装飾(内装)を構成する物品，建築物又は画像に係る意匠を，一意匠として出願することができる場合はない。

問6 **38回　学科　問21**

ア～ウを比較して，発明の新規性喪失の例外の規定に関して，最も適切と考えられるものはどれか。

ア　特許を受ける権利を有する者の自己の行為に起因して新規性を喪失した発明について，新規性喪失の例外の規定の適用を受けることができない。
イ　特許を受ける権利を有する者がした特許出願に係る公開特許公報に掲載された発明について，新規性喪失の例外の規定の適用を受けることができない。
ウ　新規性喪失の例外の規定の適用を受けることができるのは，日本国内で新規性を喪失した発明に限られる。

問7 **43回　学科　問9**

ア～ウを比較して，商標法に規定されている制度として，最も適切と考えられるものはどれか。

ア　新規性喪失の例外制度
イ　地理的表示保護制度
ウ　出願公開制度

問8 **37回　学科　問12**

ア～ウを比較して，著作者人格権に関して，最も**不適切**と考えられるものはどれか。

ア　著作者は，著作物の原作品に，実名ではなく変名を著作者名として表示することができない。
イ　著作者は，自ら創作した未公表の著作物を，その同意を得ないで公表されない権利を有する。
ウ　著作者人格権の享有には，いかなる方式の履行をも要しない。

問9

37回　学科　問6

ア〜ウを比較して，パリ条約に関して，最も適切と考えられるものはどれか。

ア　出願人が，同盟国にした最初の特許出願に基づきパリ条約上の優先権を主張して他の同盟国に特許出願をした場合，当該他の同盟国の特許出願には，最初の特許出願時にされたのと同様の利益が与えられる。

イ　優先期間中にされた特許出願について，先に特許出願された同盟国で特許権が付与されると，後に特許出願された他の同盟国でも特許権が付与される。

ウ　最恵国待遇の原則により，同盟国が他の同盟国の国民に与える利益が，他のすべての同盟国の国民に対しても無条件で与えられる。

問10

40回　学科　問2

ア〜ウを比較して，商標権に関して，最も適切と考えられるものはどれか。

ア　日本国内で３年以上登録商標を指定商品について使用していない場合，不使用取消審判が請求され商標登録が取り消される場合がある。

イ　商標権は，商標登録出願の日から10年後に消滅するのが原則であるが，更新登録によって更に10年間存続させることができる。

ウ　商標権の設定の登録を受ける者は，登録料を分割して納付することはできない。

問11　**37回　学科　問28**

ア〜ウを比較して，特許出願に係る書類の記載要件に関する次の文章の空欄 [1] に入る語句として，最も適切と考えられるものはどれか。

特許権は発明を公開したことへの代償として付与されるものであるから，[1] の記載要件として，その発明の属する技術分野における通常の知識を有する者がその発明を実施することができる程度に明確かつ十分に記載したものでなければならないとされている。

ア　図面
イ　発明の詳細な説明
ウ　要約書

問12　**39回　学科　問11**

ア〜ウを比較して，独占禁止法に違反するおそれが低いと考えられる行為として，最も**不適切**と考えられるものはどれか。

ア　特許ライセンス対象特許権の存続期間の満了後もロイヤルティを要求する行為
イ　特許ライセンス対象製品の販売地域を限定する行為
ウ　複数の同業者が，ある技術に関する各社の権利を１つの組織に集中させ，そこでライセンスを一括して行う行為

問13 **37回　学科　問30**

ア～ウを比較して，著作権の存続期間に関して，最も**不適切**と考えられるものはどれか。

ア 共同著作物の場合は，その著作物の公表後70年を経過するまでの間，存続する。
イ 職務著作として創作された音楽の著作物の場合は，その著作物の公表後70年を経過するまでの間，存続する。
ウ 映画の著作物の場合は，その著作物の公表後70年を経過するまでの間，存続する。

問14 **40回　学科　問16**

ア～ウを比較して，弁理士が他人の求めに応じ報酬を得て行う独占代理業務として，最も適切と考えられるものはどれか。

ア 特許庁における出願手続の代理
イ 特許料の納付手続についての代理
ウ ライセンス契約における契約締結の媒介

問15 **39回　学科　問2**

ア～ウを比較して，特許権の行使に関して，最も適切と考えられるものはどれか。

ア 特許権の行使の可否の判断のためには，その特許権に係る明細書の発明の詳細な説明に記載された発明のみと，その特許権を行使しようとする対象製品の技術とを比較しなければならない。
イ 特許権は設定登録の日からその効力が発生するので，その設定登録日後であれば直ちに特許権を行使することができる。
ウ 特許権を侵害する者に対する刑事罰は，罰金刑のみが科される。

問16 **39回　学科　問5**

ア～ウを比較して，意匠法に定める登録料に関して，最も**不適切**と考えられるものはどれか。

ア 意匠権が国と国以外の者との共有に係る場合であって，国以外の者の持分の割合が50%以上であるときは，国以外の者が全額の登録料を納付する。
イ 第2年目分以降の登録料の納付期限が経過した後でも6カ月以内であれば追納することができる。
ウ 登録後第2年目分以降も意匠権を維持するためには，前年以前に，法に定められた登録料を納付する必要がある。

問17 **38回　学科　問1**

ア～ウを比較して，商標登録等に関して，最も適切と考えられるものはどれか。

ア 「特定農林水産物等の名称の保護に関する法律」に基づいて保護を受けるためには，特許庁に出願しなければならない。
イ 商標掲載公報発行の日から1カ月以内でなければ，登録異議の申立てをすることができない。
ウ 音商標，位置商標，動き商標について商標登録を受けることができる。

問18 **37回　学科　問24**

ア～ウを比較して，職務著作に係る著作物（プログラムの著作物を除く）の著作者が法人等になる場合の要件として，最も**不適切**と考えられるものはどれか。

ア 法人等が自社の名義のもとに公表すること
イ 法人等が従業者に対価を支払うこと
ウ 法人等の発意に基づき，その法人等の業務に従事する者が職務上作成すること

問19 **40回　学科　問9**

ア〜ウを比較して，不当な取引制限を行っている事業者に対し当該行為を差し止める排除措置命令を行う行政機関として，最も適切と考えられるものはどれか。

ア　国土交通省
イ　経済産業省
ウ　公正取引委員会

問20 **36回　学科　問7**

ア〜ウを比較して，著作権法上の引用に関して，最も**不適切**と考えられるものはどれか。

ア　他人の著作物を引用して利用する場合，その著作物の出所を明示しなければならない。
イ　非営利を目的とする場合であれば，公表されていない他人の著作物を引用して利用することができる。
ウ　他人の著作物を引用した部分を含む著作物の複製物は，譲渡により公衆に提供することができる。

問21 **41回　学科　問30**

ア〜ウを比較して，特許法に規定する無効審決に対する手続に関して，最も適切と考えられるものはどれか。

ア　経済産業大臣に不服審判請求をすることができる。
イ　東京高等裁判所に訴えを提起することができる。
ウ　東京地方裁判所に訴えを提起することができる。

問22　　39回　学科　問29

ア～ウを比較して，商標等に関して，最も適切と考えられるものはどれか。

ア　地域で育まれた伝統と特性を有する農林水産物や食品を特定できるような名称が付されているものであれば，その名称を地理的表示として国に登録することができる。

イ　商標は，文字，記号，図形などから構成され，立体的形状も商標を構成するが，色彩は商標を構成しないため，立体的形状に色彩を付加した商標については，商標法上の保護対象とはならない。

ウ　将来においても自己の業務に係る商品又は役務について使用しないことが明らかな商標については登録を受けることができない。

問23　　41回　学科　問14

ア～ウを比較して，著作物に関して，最も適切と考えられるものはどれか。

ア　著作物は，創作性がなければならないため，表現に選択の幅があるほど著作物となる可能性が高い。

イ　著作物は，文芸，学術，美術又は音楽の範囲に属するものでなければならないため，創作性があっても図面は著作物として保護されない。

ウ　アイデア自体は，著作物として保護される。

問24　　43回　学科　問11

ア～ウを比較して，特許権又は実用新案権に関して，最も適切と考えられるものはどれか。

ア　特許権に基づいて差止請求をする場合，相手方に特許原簿を提示して警告をしなければならない。

イ　実用新案権に基づいて差止請求をする場合，相手方に実用新案技術評価書を提示して警告をしなければならない。

ウ　特許権に基づいて差止請求をする場合，相手方に特許掲載公報を提示して警告をしなければならない。

問25 **43回　学科　問22**

ア～ウを比較して，育成者権に関して，最も適切と考えられるものはどれか。

ア 育成者権者の許諾を得ることなく登録品種の種苗を生産する行為は，育成者権を侵害する可能性がある。
イ 育成者権者から登録品種の種苗を譲り受けた後に，更にその譲渡された種苗を国内の第三者に譲渡する行為は，育成者権を侵害することになる。
ウ 育成者権者は，登録品種の名称を，業として独占的に利用する権利を専有する。

問26 **40回　学科　問24**

ア～ウを比較して，著作権の侵害に関して，最も適切と考えられるものはどれか。

ア 違法にアップロードされた著作物のうち音楽又は映像を私的使用目的でダウンロードする行為は違法であるが，違法にアップロードされた著作物のうち漫画をダウンロードする行為は違法ではない。
イ 法人等の従業者がその業務において著作権を侵害した場合は，行為者本人ではなく，使用者である法人等が刑事罰の対象となる。
ウ 他人の著作物の存在を知らずに，当該著作物に酷似した作品を創作した場合は，その他人の著作権の侵害とならない。

問27 **40回　学科　問22**

ア～ウを比較して，商標権及び地理的表示に関して，最も適切と考えられるものはどれか。

ア 商標権の効力は，指定役務の普通名称を普通に用いられる方法で表示する商標に及ぶ。
イ 登録商標は不正に使用されていても，その事実をもって当然に商標権が失効することはない。
ウ 登録された地理的表示が不正に使用されている場合，特許庁長官がその表示の除去を命じる場合がある。

問28 **40回　学科　問25**

ア～ウを比較して，特許権に係る契約に関して，最も適切と考えられるものはどれか。

ア　特許権が共有に係るときは，各共有者は，他の共有者の同意を得なくとも，自己の持分を譲渡することができる。
イ　特許権者は，自己の特許権の全範囲について，専用実施権を設定したときには，特許発明を実施できない。
ウ　特許権者は，内容，地域，期間を限定して他人に通常実施権を許諾することはできない。

問29 **38回　学科　問12**

ア～ウを比較して，意匠法に関して，最も適切と考えられるものはどれか。

ア　意匠権の存続期間は，意匠権の設定登録の日から10年である。
イ　独立して取引の対象とはならない物品の部分について，意匠登録出願をすることができる。
ウ　意匠登録出願について審査を受けるためには，意匠登録出願の日から３年以内に出願審査請求をしなければならない。

問30 **34回　学科　問11**

ア～ウを比較して，著作権に関して，最も**不適切**と考えられるものはどれか。

ア　著作者人格権と一緒であれば，第三者に著作権を譲渡することができる。
イ　著作権を享有するために，著作権の登録は不要である。
ウ　複製権者又は公衆送信権者は，出版権を設定することができる。

実力テスト
学科解説

問1　正解: ウ　　著作隣接権

ア　不適切

著作隣接権者のうち唯一，人格権を有しているのは実演家のみです。

具体的には氏名表示権（著90条の2第1項）と同一性保持権（著90条の3第1項）を有しています。

イ　不適切

レコード製作者は，送信可能化権を有します（著96条の2）。

ウ　適切

実演に関する著作隣接権は，当該実演を行った時に発生します（著101条1項1号）。その存続期間は，当該実演が行われた日の属する年の翌年から起算して，70年を経過したときに消滅します（著101条2項1号）。

問2　正解: ウ　　特許協力条約（PCT）

受理官庁は，所定の要件が満たされていることを確認することを条件として，国際出願の受理日を国際出願日として認めます（PCT11条（1））。

問3　正解: イ　　不正競争防止法

ア　適切

他人の商品の形態を模倣したり，模倣した商品を譲渡する行為は，不正競争行為に該当します（不競2条1項3号）。一方，他人の商品の形態と偶然に同一の形態の商品を開発する行為は，模倣や譲渡にはあたらないため，不正競争行為に該当しません。

イ　不適切

他社の商品の形態を模倣した商品を販売する行為であっても，その他社商品が日本で最初に販売された日から3年経過した後に販売する場合には，不正競争行為に該当しません（不競19条1項5号イ）。

ウ　適切

他人の周知商標に類似する商標を使用する行為であっても，この行為によって当該他人の商品又は営業と混同を生じさせなければ，周知表示混同惹起行為に該当しません（不競2条1項1号）。

問4　正解: イ　特許出願後の手続き

ア　不適切

特許出願の日から３年を経過した際に出願審査請求がなかったときは，「特許出願が取り下げられたもの」とみなされます（特48条の３第４項）。つまり，特許出願後に自動的に「出願審査請求したもの」とみなされることはありません。

イ　適切

特許出願日から３年以内であれば，誰でも出願審査請求を行うことができます（特48条の３第１項）。したがって，第三者であっても，出願審査請求をすることができます。

ウ　不適切

出願審査請求は，一度請求をしてしまうと特許出願人であっても取り下げることはできません（特48条の３第３項）。

問5　正解: ウ　意匠法の保護対象と登録要件

ア　適切

意匠登録出願をしようとする者は，２～100の自己の意匠登録出願を一の願書により一括して提出することができます（意施規２条の２）。

イ　適切

同時に使用される二以上の物品であって経済産業省令で定めるものを構成する物品に係る意匠は，組物全体として統一があるときは，一意匠として出願することができます（意８条）。

ウ　不適切

店舗，事務所その他の施設の内装を構成する物品，建築物又は画像に係る意匠は，その内装全体として統一的な美感を起こさせる場合には，一意匠として出願することができます（意８条の２）。

問6　正解: イ　　特許要件

ア　不適切

特許を受ける権利を有する者の自己の行為に起因して新規性を喪失した発明については，新規性喪失の例外規定の適用を受けることができます(特30条２項)。

イ　適切

公開特許公報への掲載は，特許出願人の「意に反して」新規性が喪失したわけではなく，また，特許出願人の「行為に起因して」新規性が喪失したわけでもありません。したがって，公開特許公報に掲載された発明については，新規性喪失の例外規定の適用を受けることができません(特30条２項かっこ書)。

ウ　不適切

新規性喪失の例外規定の適用には，新規性を失った事由の地域的な制限はありません。したがって，海外で新規性を喪失した発明であっても，その他の要件を満たせば，新規性喪失の例外規定の適用を受けることができます。

問7　正解: ウ　　商標登録を受けるための手続き

ア　不適切

商標法では，特許法や意匠法のように新規性が商標登録の要件になっていません。そのため，商標法には，特許法や意匠法に規定されている新規性喪失の例外制度(特30条，意４条)が設けられていません。

イ　不適切

地理的表示を保護する制度は，商標法ではなく，特定農林水産物等の名称の保護に関する法律に規定されています。なお，商標法には，地理的表示ではなく，地域の名称とその地域を産地や提供場所とする商品・役務の普通名称を含む「地域団体商標」を保護する制度が規定されています(商７条の２)。

ウ　適切

商標法では，出願公開制度が規定されており，商標登録出願があったときは，原則として，すべての出願について公開商標公報に掲載され，商標登録出願の内容が公開されます(商12条の２)。

問8　正解: ア　著作者人格権

ア　不適切

著作者は，その著作物の原作品に，又はその著作物の公衆への提供もしくは提示に際し，その実名もしくは変名を著作者名として表示し，又は著作者名を表示しないことを決定することができる氏名表示権を有します（著19条1項）。したがって，著作者は氏名表示権に基づいて，著作物の原作品に実名ではなく変名を著作者名として表示することができます。

イ　適切

著作者は，未公表の著作物を公衆に提供し，又は提示することができる公表権を有します（著18条1項）。したがって，著作者は公表権に基づいて，未公表の著作物を公表するかしないか，公表する場合は時期や方法を決定することができます。

ウ　適切

著作権法では，いわゆる無方式主義を採用しており，著作者人格権及び著作権の享有には，いかなる方式の履行をも要しません(著17条2項)。

問9　正解: ア　パリ条約

ア　適切

同盟国において最初の特許出願をした出願人は，当該最初の特許出願に基づきパリ条約上の優先権を主張して他の同盟国に特許出願をした場合，当該他の同盟国の特許出願には，最初の特許出願時にされたのと同様の利益が与えられます(パリ４条B)。

イ　不適切

パリ条約に規定された特許独立の原則(パリ４条の２)により，各国の特許は互いに独立しており，ある国における特許の拒絶や消滅は，他の同盟国の特許に影響を与えません。したがって，優先期間中に出願された特許について，先に出願された同盟国で特許権が付与されても，後に出願された他の同盟国において自動的に特許権が付与されることはありません。

ウ　不適切

パリ条約で定められる原則は，内国民待遇，優先権，各国の特許の独立の３つであり，最恵国待遇は定められていません。

問10　正解: ア　　**商標権の管理と活用**

ア　適切

商標権者や専用使用権者，通常使用権者のいずれもが，日本国内で３年以上，登録商標を指定商品等について使用していない場合には，誰でも不使用取消審判を請求することができます（商50条）。そして，その請求が認められた場合には，その商標登録は取り消されます(商54条２項)。

イ　不適切

商標権の存続期間は，商標登録出願の日からではなく，設定登録の日から10年で終了します（商19条１項）。なお，存続期間は商標権者の更新登録の申請によって，何回でも更新することができます(商19条２項)。

ウ　不適切

商標権の設定の登録を受ける者は，登録料を分割して納付することができます(商41条の２第１項)。この場合，登録査定の謄本送達日から30日以内に前半５年分の登録料を納付し，商標権の存続期間の満了前５年までに，後半５年分の登録料を納付します。

問11　正解: イ　　**特許出願の手続き**

特許法では，明細書の「発明の詳細な説明」の記載要件として，その発明の属する技術分野における通常の知識を有する者(いわゆる当業者)が，その発明を実施できる程度に明確かつ十分に記載したものでなければならないとされています(特36条４項１号)。

問12　正解: ア　独占禁止法

ア　不適切

特許ライセンス契約において，特許ライセンス対象特許権の存続期間の満了後もロイヤルティを要求することは，一般的に不公正な取引方法に該当すると考えられるため，独占禁止法に違反するおそれが高いと考えられる行為です。

イ　適切

特許ライセンス対象製品の販売地域を限定する行為は，特許権の行使と認められる行為であり(独21条)，独占禁止法に違反するおそれが低いと考えられます。

ウ　適切

複数の同業者が，ある技術に関する各社の権利を1つの組織に集中させ，そこでライセンスを一括して行う仕組みを，パテントプールと呼びます。パテントプール自体は，独占禁止法に違反するおそれが低いと考えられます（公正取引委員会HP：標準化に伴うパテントプールの形成等に関する独占禁止法上の考え方)。なお，パテントプールが適切に形成・運用されず，市場の自由な競争を阻害したり，市場支配につながったりする場合には，独占禁止法に違反するおそれがあります。

問13　正解: ア　著作(財産)権

ア　不適切

共同著作物の場合，最終に死亡した著作者の死後70年を経過するまでの間，存続します(著51条2項)。

イ　適切

職務著作として創作された著作物についての著作権の存続期間は，原則として，その著作物の公表後70年を経過するまでの間，存続します(著53条1項)。

ウ　適切

映画の著作物の場合，未公表の場合は創作後70年，公表されたときは公表後70年を経過するまでの間，存続します(著54条1項)。

問14　正解: ア　　弁理士法

ア　適切

特許庁における出願手続の代理は，弁理士が他人の求めに応じ報酬を得て行う独占代理業務に該当します。

イ　不適切

特許料の納付手続についての代理や特許原簿への登録の申請手続は，弁理士又は弁理士法人でない者が他人の求めに応じ報酬を得て業とすることができない事項から除かれています（弁理士法75条かっこ書）。したがって，特許料の納付手続についての代理は，弁理士が他人の求めに応じ報酬を得て行う独占代理業務に該当しません。

ウ　不適切

弁理士は，他人の求めに応じ，ライセンス契約における契約締結の媒介を業とすることができます（弁理士法４条３項）。ただし，ライセンス契約における契約締結の媒介は，弁理士又は弁理士法人でない者の業務の制限を規定する弁理士法75条に含まれていません。したがって，ライセンス契約における契約締結の媒介は，弁理士が他人の求めに応じ報酬を得て行う独占代理業務に該当しません。

問15　正解: イ　　特許権の侵害と救済

ア　不適切

特許権の効力範囲（技術的範囲）は，特許請求の範囲の記載に基づいて定められます（特70条１項）。したがって，特許権の行使の可否を判断する際には，その特許権に係る明細書の発明の詳細な説明ではなく，特許請求の範囲に記載された発明と，対象製品の技術とを比較しなければなりません。

イ　適切

特許権は設定登録の日からその効力が発生します（特66条１項）。効力が発生すれば，特許権を行使することが可能となり，設定登録日後に直ちに特許権を行使することもできます。

ウ　不適切

特許権を侵害する者には，刑事罰として罰金刑又は懲役刑，もしくはその両方が科されます（特196条）。

問16　正解: ア　　意匠権の管理と活用

ア　不適切

意匠権が国と国以外の者との共有に係る場合であって持分の定めがあるときは，登録料の金額に国以外の者の持分の割合を乗じて得た額について，国以外の者がその額を納付します（意42条３項）。よって，国以外の者が全額の登録料を納付する必要はありません。

イ　適切

規定する期間内に２年目以降の登録料を納付することができないときは，その期間が経過した後であっても，その期間の経過後６カ月以内にその登録料を追納することができます（意44条１項）。ただし，追納する場合は，納付すべき登録料のほか，その登録料と同額の割増登録料を納付する必要があります（意44条２項）。

ウ　適切

２年目以降の各年分の登録料は，前年以前に納付する必要があります（意43条２項）。

問17　正解: ウ　　商標法　全般

ア　不適切

「特定農林水産物等の名称の保護に関する法律」に基づいて保護を受けるためには，所定の事項を記載した申請書を提出する必要がありますが，提出先は，特許庁長官ではなく農林水産大臣になります（地理的表示７条１項柱書）。

イ　不適切

登録異議の申立ては，商標掲載公報の発行の日から１カ月以内ではなく，２カ月以内であればすることができます（商43条の２）。

ウ　適切

商標法上の保護対象である「商標」とは，人の知覚によって認識することができるもののうち，文字，図形，記号，立体的形状もしくは色彩又はこれらの結合，音その他政令で定める標章であって，業として使用するものをいいます（商２条１項）。なお，その他の政令で定める標章とは，音商標，位置商標，動き商標，ホログラム商標，色彩のみからなる商標をいいます（商施規４条の８第１項）。

問18　正解: イ　　著作者

職務著作の成立要件は，①法人等の発意に基づくこと，②その法人等の業務に従事する者が職務上作成する著作物であること，③その法人等が自己の著作の名義の下に公表すること（プログラムの著作物を除く），④その作成の時における契約，勤務規則その他に別段の定めがないことです（著15条）。

ア　適切

法人等が自社の名義のもとに公表することは，上述の要件③に該当します。

イ　不適切

法人等が従業者に対価を支払うことは，職務著作に係る著作物の著作者が法人等になる場合の要件ではありません。

ウ　適切

法人等の発意に基づき，その法人等の業務に従事する者が職務上作成することは，上述の要件①及び②に該当します。

問19　正解: ウ　　独占禁止法

独占禁止法では，いわゆるカルテルや入札談合等の不当な取引制限が規制されています（独３条）。また，独占禁止法は，公正取引委員会によって運用される制度が規定されており，その中には，不当な取引制限を行っている事業者に対し当該行為を差し止める排除措置命令を行う制度が含まれています（独７条１項）。

問20　正解: イ　　著作権の制限

ア　適切

他人の著作物を引用して利用する場合には，その著作物の出所を明示しなければなりません(著48条1項1号)。

イ　不適切

公表された著作物は，公正な慣行に合致するものであり，かつ，報道，批評，研究その他の引用の目的上正当な範囲内で行なわれるものであれば，引用して利用することができます（著32条1項)。したがって，公表されていない他人の著作物は，無断で引用して利用することはできません。

ウ　適切

他人の著作物を引用した部分を含む著作物の複製物は，譲渡により公衆に提供することができます(著47条の7)。

問21　正解: イ　　特許出願後の手続き

特許法に規定する審決に対する手続は，第一審である東京地方裁判所が省略され，東京高等裁判所の専属管轄であり，知的財産高等裁判所が取り扱います（特178条1項，知財高裁2条柱書)。

ア　不適切

不服審判請求とは，拒絶査定を受けた者が，これに不服がある場合に再審理を求める手続きです（特121条1項)。一方，無効審決に対する手続きとしては，東京高等裁判所に審決取消訴訟を提起することになります（特178条)。したがって，無効審決に対する手続きとして，不服審判請求をすることはできません。さらに，不服審判請求は経済産業大臣にではなく，特許庁長官に対して請求しなければなりません。

イ　適切

上述のとおり，東京高等裁判所に訴えを提起することができます。

ウ　不適切

上述のとおり，特許法に規定する無効審決に対する手続きでは，東京地方裁判所に訴えを提起することはできません。

問22　正解: ウ　　商標法の保護対象と登録要件

ア　不適切

地域で育まれた伝統と特性を有する農林水産物や食品を特定できるような名称が付されているものであっても，その名称から生産地を特定でき，品質等の確立した特性が生産地と結び付いていたものでなければ，その名称を地理的表示として国に登録することができません。(地理的表示２条２項各号，２条３項，６条)。

イ　不適切

商標法上の保護対象である商標とは，標章である文字，図形，記号，立体的形状もしくは色彩又はこれらの結合，音その他政令で定めるものであって，業として商品を生産等する者がその商品に使用するものです(商２条１項)。したがって，立体的形状に色彩を付加した商標は，商標法上の保護対象となります（商２条１項)。

ウ　適切

自己の業務に係る商品又は役務について使用をする商標について，商標登録を受けることができます(商３条１項柱書)。ここで，「使用をする」とは，指定商品又は指定役務について，出願人又は出願人の支配下にあると実質的に認められる者が，出願商標を現に使用している場合だけではなく，将来において出願商標を使用する意思がある場合を含みます（商標審査基準　第１－二　2.「使用をする商標」について)。しかし，将来においても使用しないことが明らかな場合には，その商標について登録を受けることはできません。

問23　正解: ア　　著作権法の目的と著作物

ア　適切

著作物は，創作性がなければならないため(著２条１項１号)，表現に選択の幅があるほど著作物となる可能性が高いといえます。

イ　不適切

図面は，学術的な性質を有する図面の著作物として保護され得ます（著10条１項６号)。

ウ　不適切

著作物は思想又は感情を創作的に「表現」したものでなければなりません(著２条１項１号)。したがって，表現を伴わないアイデア自体は著作物として保護されません。

問24　正解: イ　　特許法・実用新案法

ア　不適切

特許権者は，侵害者に対してその侵害行為を停止するように裁判所に対して差止請求をすることができます（特100条）。なお，差止請求にあたり相手方に特許原簿を提示して警告が必要であるとの規定はありませんので，直接裁判所に訴訟を提起することができます。

イ　適切

実用新案権を行使するためには，その実用新案権に関する「実用新案技術評価書」を侵害者に提示して警告する必要があります（実29条の２）。

ウ　不適切

上述アのとおり，特許権者は，侵害者に対してその侵害行為を停止するように裁判所に対して差止請求をすることができます（特100条）。なお，差止請求にあたり相手方に特許掲載公報を提示して警告する必要はありません。

問25　正解: ア　　種苗法

ア　適切

育成者権者は，品種登録を受けている品種（登録品種）を業として利用する権利を専有します（種20条１項）。ここで，登録品種の種苗を生産する行為は，登録品種の利用に該当します（種２条５項１号）。したがって，登録品種の種苗を育成者権者に無断で生産する行為は，育成者権を侵害する可能性があります。

イ　不適切

育成者権者から登録品種の種苗を適法に譲り受けた場合，その育成者権は消尽しているため，さらにその譲渡された種苗を第三者に譲渡する行為は，育成者権の侵害にはなりません（種21条２項）。

ウ　不適切

育成者権者は，登録品種を業として独占的に利用する権利を専有します（種20条１項）。ただし，育成者権者であっても，登録品種の名称を業として利用する権利を専有することまでは認められていません。

問26　正解: ウ　　著作権の侵害と救済

ア　不適切

違法にアップロードされた音楽や映像を，それが違法にアップロードされたものであることを知りながらダウンロードする行為は，たとえ私的使用目的であっても違法行為になります（著30条1項3号）。また，漫画，書籍，論文，コンピュータプログラムなど，音楽や映像以外の著作物についても，違法にアップロードされたことを知りながらダウンロードする行為は，違法行為になります（著30条1項4号）。

イ　不適切

法人等の従業者がその業務において著作権を侵害した場合は，使用者である法人等は刑事罰の対象になりますが，行為者本人も刑事罰の対象となります（著124条1項）。

ウ　適切

著作物の複製とは，「既存の著作物に依拠し，その内容及び形式を覚知させるに足りるものを再製すること」をいいます（最高裁　昭和53年9月7日　第一小法廷判決）。したがって，他人の著作物を知らずに，たまたま酷似した作品ができ上がった場合は，既存の著作物に依拠したとはいえないため，著作物の複製に該当せず，著作権の侵害になりません。

問27　正解: イ　　商標法　全般

ア　不適切

指定役務の普通名称を普通に用いられる方法で表示する商標には，権利行使が制限されるため，商標権の効力は及びません（商26条1項3号）。

イ　適切

登録商標に不正な使用の事実があったとしても，無効審判や取消審判などの手続きが取られなければ，その事実のみをもって商標権が失効することはありません。

ウ　不適切

地理的表示は，農林水産大臣の審査を経て，地理的表示及び団体が登録されます。登録された地理的表示が不正に使用されている場合は，特許庁長官ではなく，農林水産省がその表示の除去等を命じます（地理的表示5条）。

問28　正解: イ　**特許権の管理と活用**

ア　不適切

特許権が共有に係るとき，各共有者は，他の共有者の同意を得なければ，自己の持分を譲渡することができません(特73条1項)。

イ　適切

特許権者であっても，自己の特許権の全範囲について，専用実施権を設定したときには，特許発明を実施することができなくなります(特68条ただし書)。

ウ　不適切

通常実施権は，内容，地域及び期間を限定して許諾することができます(特78条1項)。

問29　正解: イ　**意匠登録を受けるための手続き**

ア　不適切

意匠権の存続期間は，設定登録の日から10年ではなく，意匠登録出願の日から25年をもって終了します(意21条1項)。

イ　適切

意匠法では，独創的で特徴ある物品の部分の形状，模様もしくは色彩又はこれらの結合であって，視覚を通じて美感を起こさせるものについて，部分意匠として意匠登録を受けることができます(意2条1項かっこ書)。したがって，独立して取引の対象とはならない物品の部分についても，意匠登録出願をすることができます。

ウ　不適切

意匠法には,特許法における出願審査の請求制度のような規定はありません(特48条の3)。意匠登録出願は，出願審査の請求をしなくても，原則として，すべての出願が審査されます(意16条)。

問30　正解: ア　　著作（財産）権

ア　不適切

複製権等のいわゆる著作財産権（著21条～28条）は，第三者に譲渡することができますが（著61条1項），著作者人格権は，著作者の一身に専属し，譲渡することができません（著59条）。

イ　適切

著作権法では，いわゆる無方式主義を採用しており，著作者人格権及び著作権の享有には，いかなる方式の履行をも要しません（著17条2項）。

したがって，著作権を享有するために，著作権の登録をする必要はありません。

ウ　適切

出版権を設定できるのは，複製権又は公衆送信権を有する者です（著79条1項）。

実力テスト
実技問題

半導体製造装置メーカーX社のエンジニア**甲**は，半導体製造用のロボットAを開発している。**甲**は，ロボットAに関連して，特許法上の保護対象である発明か否かについて，発言1～3をしている。

発言1　「ロボットAは半導体製造のためのものですが，熟練した技能工の動きを再現したものであり，いわゆる個人の技能に関するものですから特許法上の保護対象である発明に該当しません。」

発言2　「ロボットAは，限られたスペース内でも的確に動くようなデザインの設計がされています。ロボットAの技術的な工夫は，外観からわかるデザインに存在するので，ロボットAは特許法上の保護対象である発明に該当しません。」

発言3　「ロボットAを制御するために新たなコンピュータ言語を開発しました。このようなコンピュータ言語は，特許法上の保護対象である発明に該当します。」

以上を前提として，**問1～問6**に答えなさい。

問1

発言1について，適切と考えられる場合は「○」と，不適切と考えられる場合は「×」と答えなさい。

問2

問1において，適切又は不適切であると判断した理由として，最も適切と考えられるものを【理由群Ⅰ】の中から1つだけ選びなさい。

【理由群Ⅰ】
ア　発明に該当するため
イ　自然法則を利用したといえないため
ウ　創作といえないため

問3

発言2について，適切と考えられる場合は「○」と，不適切と考えられる場合は「×」と答えなさい。

問4

問3において，適切又は不適切であると判断した理由として，最も適切と考えられるものを【理由群Ⅱ】の中から1つだけ選びなさい。

【理由群Ⅱ】
ア　発明に該当するため
イ　技術的思想といえないため
ウ　意匠法の保護対象となるため

問5

発言3について，適切と考えられる場合は「○」と，不適切と考えられる場合は「×」と答えなさい。

問6

問5において，適切又は不適切であると判断した理由として，最も適切と考えられるものを【理由群Ⅲ】の中から1つだけ選びなさい。

【理由群Ⅲ】
ア　発明に該当するため
イ　自然法則を利用したといえないため
ウ　技術的思想といえないため

X大学が主催する大学祭で，**甲**が著作権者である楽曲のいくつかを，プロの歌手**乙**を招いて歌唱してもらうコンサートが企画されている。大学祭の実行委員である**丙**が発言１～３をしている。

発言１　「このコンサートは，大学祭の入場客であれば，誰でも聴くことができます。コンサートは，営利目的ではなく，また，入場客から料金を徴収することも一切ありません。しかし，**乙**に対しては，相応の報酬を支払おうと思っています。この場合，大学祭実行委員会は，**乙**が歌唱することについて，**甲**から許諾を得る必要があります。」

発言２　「このコンサートでは，入場客が，歌手**乙**と一緒に，楽曲を歌唱してもらう演出を考えています。そこで，楽曲の歌詞を印刷して，入場客の皆に無料で配布しようと思っています。この場合，大学祭実行委員会は，**甲**から，歌詞カードの印刷に関し，許諾を得る必要はありません。」

発言３　「私は，大学祭での**乙**の歌唱について，自分で録音して販売し，その売上を**乙**への報酬に充てようと思っています。この場合，**乙**の許諾を得れば**甲**の許諾を得なくても，録音して販売することについて，私が刑事罰の対象となることはありません。」

以上を前提として，**問７～問12**に答えなさい。

問7

発言１について，適切と考えられる場合は「○」と，不適切と考えられる場合は「×」と答えなさい。

問8

問７において，適切又は不適切であると判断した理由として，最も適切と考えられるものを【理由群Ⅳ】の中から１つだけ選びなさい。

【理由群Ⅳ】
ア　乙に報酬が支払われるため
イ　営利目的ではなく，入場客から料金を徴収しないため
ウ　公的な教育機関の実施する行事であるため

問9

発言２について，適切と考えられる場合は「○」と，不適切と考えられる場合は「×」と答えなさい。

問10

問９において，適切又は不適切であると判断した理由として，最も適切と考えられるものを【理由群Ⅴ】の中から１つだけ選びなさい。

【理由群Ⅴ】

ア 複製権を侵害するため
イ 営利目的ではなく，入場客から料金を徴収しないため
ウ 私的使用のための複製にあたるため

問11

発言３について，適切と考えられる場合は「○」と，不適切と考えられる場合は「×」と答えなさい。

問12

問11において，適切又は不適切であると判断した理由として，最も適切と考えられるものを【理由群Ⅵ】の中から１つだけ選びなさい。

【理由群Ⅵ】

ア 故意により著作権を侵害しているため
イ 著作権法には，刑事罰を科す規定が存在しないため
ウ 実演家である**乙**の許諾を得ているため

問13 **38回　実技　問19**

鞄メーカーX社は，ハンドバッグについて意匠権Dを有している。鞄メーカーY社は，X社の意匠権Dに係る登録意匠と類似する形態を，ハンドバッグと類似する物品であるセカンドバッグの形態に転用することを検討している。**ア～ウ**を比較して，最も**不適切**と考えられるものはどれか。

ア　Y社は意匠権Dについて，X社から物品をセカンドバッグに限定した通常実施権の許諾を受けることとした。

イ　Y社は意匠権Dについて，X社から通常実施権の許諾を受ける当事者間契約をしたが，通常実施権として効力を生じさせるためには特許庁への登録は必要ない。

ウ　X社の意匠権DはX社の親会社であるW社との共有であるが，Y社は，X社から意匠権Dについて，W社の同意なく，単独で，通常実施権の許諾を受けることができる。

問14 **36回　実技　問17**

ゲームソフトウエアを開発するX社は，新しく開発したプログラムについて，著作権の登録制度を利用することを検討している。**ア～ウ**を比較して，X社の法務部の部員の発言として，最も適切と考えられるものはどれか。

ア「創作年月日の登録を行うことにより，その日に創作があったものとの推定を受けることができます。」

イ「著作権の登録を受けることにより，その登録の日に著作権が発生したものとみなされます。」

ウ「著作権の登録を受けることにより，第三者の著作権侵害に対して損害賠償請求をする場合に，損害額の推定規定の適用を受けることができます。」

問15　　40回　実技　問23

スポーツ用品メーカーX社は，Y社に対してランニングシューズに関する特許権Aに係るライセンスをすることを考えている。これについて，X社の知的財産部の部員**甲**と**乙**が会話をしている。**ア～ウ**を比較して，ライセンス契約の内容に関して，最も適切と考えられるものはどれか。

ア **甲**「Y社が特許権Aに係る特許発明を改良し，特許権Bを取得した場合，特許権Bについて，わが社に専用実施権を設定させることはできますか。」

乙「Y社からわが社に特許権Bを譲渡させることは，市場におけるライセンサーの地位を強化するとして独占禁止法上問題となりますので，わが社に専用実施権を設定させることも同様の理由でできません。」

イ **甲**「わが社も特許製品を販売するのですから，Y社との価格差ができて競争力を失うことがないように，Y社の販売価格はわが社の販売価格より高額とするよう，契約に盛り込むことはできますか。」

乙「研究開発費を投じた特許権者が市場で優位に立つことは当然であり，販売価格の制限は特許権の権利行使に該当し，独占禁止法に抵触しませんので，契約に盛り込むことができます。」

ウ **甲**「わが社は，来年の3月には特許製品の販売を終了する予定ですから，Y社に対して，特許技術を利用できる期間を来年の4月以降と限定することはできますか。」

乙「期間を限定した許諾は特許権の権利行使に該当しませんが，独占禁止法に抵触するので，利用期間を限定することはできません。」

問16 **36回　実技　問22**

甲は，キクの品種Ａについての品種登録に関して検討している。**ア～ウ**を比較して，最も適切と考えられるものはどれか。

ア　**甲**がした品種登録の出願が拒絶されたので，**甲**は拒絶査定不服審判を請求することとした。

イ　**甲**が品種登録を受けるためには，願書を経済産業大臣に提出する必要がある。

ウ　**甲**が品種Ａの種苗を譲渡した後でも，品種Ａについて出願をして品種登録を受けることができる場合がある。

問17 **40回　実技　問16**

化粧品メーカーＸ社は，自社の特許製品と類似する化粧品Ａが同業他社であるＹ社から販売されているとの情報を得た。そのため，Ｘ社はＹ社に対して，特許権を侵害している旨の警告書を送付した。**ア～ウ**を比較して，警告書を送付する目的に関して，最も**不適切**と考えられるものはどれか。

ア　Ｙ社による化粧品Ａの販売を停止させる目的

イ　ライセンス契約の交渉をする目的

ウ　警告書による警告が侵害訴訟を提起するための要件なので，侵害訴訟を提起する目的

問18 **39回　実技　問18**

家具メーカーX社は，商標登録出願をしていない商標Aを付した商品を販売していたところ，Y社から警告を受けた。X社が調査したところ，Y社は商標Aと類似する登録商標Bに係る商標権を有し，登録商標Bに係る指定商品は，X社の商品と類似することがわかった。**ア〜ウ**を比較して，X社の行為又は考えとして，最も適切と考えられるものはどれか。

ア　商標Aの使用が登録商標Bに係る商標権の侵害に該当する場合には，X社は商標Aの使用が差し止められるとともに損害賠償の責任を負う場合がある。

イ　X社が商標Aを使用開始した時期が，登録商標Bに係る商標登録出願の出願日よりも先であれば，問題なく，X社は商標Aを継続して使用できる。

ウ　X社が販売している商品は登録商標Bに係る指定商品とは区分が異なっており，X社が販売している商品に商標Aを使用しても，登録商標Bに係る商標権の侵害に該当しないので使用を継続することとした。

問19 **36回　実技　問24**

通信機器メーカーX社の知的財産部の部員は，自社の有するスマートフォンに関する特許権Pについて，Y社とライセンス契約を結ぶことを検討している。**ア〜ウ**を比較して，部員の考えとして，最も適切と考えられるものはどれか。

ア　専用実施権を設定するライセンス契約の場合，特許庁に登録しなければ効力を生じない。

イ　通常実施権を許諾するライセンス契約の場合，特許庁に登録しなければ効力を生じない。

ウ　独占的通常実施権を許諾するライセンス契約の場合，特許庁に登録しなければ効力を生じない。

問20 **33回　実技　問21**

ア～ウを比較して，アパレルメーカーX社が意匠登録出願したポロシャツに係る意匠Aに関して，最も**不適切**と考えられるものはどれか。

ア　X社は，意匠Aの登録後に，意匠Aに係るポロシャツの販売を開始したので，意匠Aの秘密請求期間の短縮を請求した。

イ　特許庁長官は，裁判所から請求があった場合には，秘密意匠に係る意匠Aを意匠権者以外の者に示さなければならない。

ウ　X社は，登録査定の謄本送達後，意匠公報の発行前であれば，いつでも意匠Aについて秘密請求することができる。

問21 **34回　実技　問19**

X社は，フランスにした特許出願Aに基づいてパリ条約上の優先権の主張をして，わが国に特許出願Bをした。ところが，特許出願Bについて出願審査請求をする前に，特許出願Aが拒絶された。**ア～ウ**を比較して，X社の知的財産部の部員の考えとして，最も適切と考えられるものはどれか。

ア　パリ条約における優先権制度の趣旨から，特許出願Aが拒絶されると，優先権の主張は無効となり，特許出願Bのわが国における出願日を基準として審査が行われます。従って，新たな先行技術がないかどうかを含めてよく検討した上で出願審査請求の要否を決めます。

イ　パリ条約における特許独立の原則から，特許出願Aが拒絶されても，特許出願Bが当然に拒絶されるとは考えられません。従って，特許出願Aが拒絶された理由を十分に検討した上で出願審査請求の要否を決めます。

ウ　パリ条約における優先権制度の趣旨から，特許出願Aが拒絶された以上，そのことを理由として特許出願Bも当然に拒絶され，出願審査請求をすることはできません。

問22　　42回　実技　問15

ア～ウを比較して，著作権法上の同一性保持権の侵害に該当する可能性が高い行為として，最も適切と考えられるものはどれか。

ア　小説家が書いた原稿の誤字を編集者が修正する行為
イ　ホテルの客室の雰囲気に合わせるため，著作者から購入したステンドグラスの一部の色を変更する行為
ウ　老朽化したため，有名な建築家が設計した美術館を修繕する行為

問23　　38回　実技　問26

医薬品メーカーX社は，医薬品の新規な製造方法である発明Aに係る特許出願Pをフランスに出願し，日本でも特許権を取得したいと考えている。**ア～ウ**を比較して，最も適切と考えられるものはどれか。

ア　日本で発明Aについて特許出願Qをした上で，特許出願Pに基づいて，特許協力条約(PCT)による国際出願への出願変更をする。
イ　特許出願Pに基づいてパリ条約上の優先権を主張して1年以内に日本に別途特許出願をする。
ウ　特許出願Pの出願公開を待ってから日本に直接特許出願をする。

問24 **41回　実技　問24**

医療機器メーカーX社は，新規な体重計を開発するにあたり，社外の**甲**が創作した液晶パネルAの使用を予定しており，液晶パネルAについて**甲**が有する登録意匠について，**甲**からの実施許諾を検討している。X社の知的財産部の部員が特許調査を行ったところ，**甲**が液晶パネルAについて特許出願Bもしていることがわかった。**ア〜ウ**を比較して，知的財産部の部員の発言として，最も**不適切**と考えられるものはどれか。

ア「特許出願と意匠登録出願については，先後願の判断はされませんので，**甲**は特許出願Bについても権利を取得する可能性があります。」

イ「特許出願Bが出願中であっても，仮通常実施権の許諾に関する契約を締結することができます。その後当該特許出願に係る特許権の設定登録があった場合，新たに通常実施権の許諾に関する契約を締結する必要はありません。」

ウ「特許出願Bが登録された場合，特許権と意匠権とはそれぞれ独立した権利であっても，両方の権利について実施権の許諾を受ける契約を締結する必要はありません。」

問25 **39回　実技　問19**

ア〜ウを比較して，意匠の登録要件に関して，最も**不適切**と考えられるものはどれか。

ア　意匠登録出願に係るエプロンの意匠が，意匠登録出願前に頒布された雑誌に掲載されたエプロンに係る意匠と類似する場合には，当業者が容易に創作することができた意匠であるとして拒絶される。

イ　意匠登録出願に係る知育遊戯具の意匠が，意匠登録出願前にデンマークで発売された知育遊戯具に係る意匠と同一である場合には，新規性のない意匠であるとして拒絶される。

ウ　意匠登録出願に係る置物の意匠が，平等院鳳凰堂の形状を，ほとんどそのまま置物として表したにすぎない意匠である場合には，当業者が容易に創作することができた意匠であるとして拒絶される。

問26 **42回　実技　問20**

機械メーカーX社の知的財産部の部員**甲**は，研究者**乙**に，特許協力条約（PCT）における国際出願の国際公開について説明している。**ア～ウ**を比較して，**甲**の発言として，最も適切と考えられるものはどれか。

ア「国際公開は，原則として優先日から18カ月経過後に，国際事務局によって行われます。」
イ「英語と異なる言語によって作成された国際出願の書類は英訳され，国際公開は英語のみによって行われます。」
ウ「国際出願日が認定され，国際調査の請求がされた国際出願のみが国際公開の対象となります。」

問27 **37回　実技　問27**

甲は，2019年12月5日に行った特許出願について，2020年7月1日に出願公開請求を行い，2020年10月20日に出願公開がされた。この特許出願について出願審査請求をすることができる最終日は西暦何年何月何日か答えなさい。但し，行政機関の休日に関する規定（特許法第3条第2項）の適用は考慮しなくてよい。

次の発言は，X社の知的財産部の部員が，商標権の登録等に関して従業員に説明しているものである。**問28～問30**に答えなさい。

「商標登録出願について，［ 1 ］の謄本が送達された日から，所定期間内に登録料を納付することにより設定登録され，商標権が発生します。また，登録料は，［ 2 ］年毎に分割して納付することもできます。更に，他の知的財産権と異なり，商標権者は申請により存続期間を更新することができ，その更新手続をすることにより，［ 3 ］商標権を存続させることも可能です。また，更新の申請のときに，登録商標を使用していることが要件とされません。」

問28

空欄［ 1 ］に入る最も適切な語句を【語群Ⅶ】の中から選びなさい。

問29

空欄［ 2 ］に入る最も適切な語句を【語群Ⅶ】の中から選びなさい。

問30

空欄［ 3 ］に入る最も適切な語句を【語群Ⅶ】の中から選びなさい。

【語群Ⅶ】

10　20　半永久的に　許可通知　登録査定
1回に限り　2回に限り　3　5　付与通知

実力テスト
実技解説

問１　正解：×（不適切）

問２　正解：ア

個人の技能そのものは，技術的思想に該当しないため，特許法上の発明に該当しません（特許・実用新案審査基準　第Ⅲ部　第１章　2.1.5）。しかし，熟練した技能工の動きを再現したロボットは，特許法上の「物の発明」に該当します（特２条１項）。

問３　正解：×（不適切）

問４　正解：ア

ロボットＡの「限られたスペース内で的確に動かせる」という設計は，デザインに関するものであっても，技術的な効果を奏するものであるので，特許法上の保護対象である発明に該当します（特２条１項）。

問５　正解：×（不適切）

問６　正解：イ

コンピュータ言語は，人為的な取り決めであって，自然法則を利用したものではないため，特許法の保護対象である発明に該当しません（特許・実用新案審査基準　第Ⅲ部　第１章　2.1.4）。

問7～問12　著作権の制限

問7　正解：○(適切)

問8　正解：ア

公表された著作物は，営利を目的とせず，かつ，聴衆から料金を受けず，その著作物を演奏等する実演家に報酬が支払われない場合には，著作権者の許諾を得なくとも演奏等することができます（著38条1項)。本問の場合，甲の楽曲を歌唱する乙に対して報酬が支払われるため，著作権者である甲の許諾が必要になります。

問9　正解：×(不適切)

問10　正解：ア

楽曲の歌詞は，著作物であり（著10条1項1号)，無断で複製すると，その歌詞についての複製権を侵害することになります（著21条)。一方，例外的に，私的使用による複製は，著作権者の許諾を得なくても認められる場合がありますが（著30条)，印刷した歌詞カードをコンサートの入場者全員に配布する場合には，個人又は家庭内その他これに準ずる限られた範囲には該当しません。したがって，歌詞カードを印刷する場合には，その著作権者である甲の許諾が必要になります。

問11　正解：×(不適切)

問12　正解：ア

甲の楽曲を乙が歌うことは，甲の著作物を実演する行為であるため（著2条1項3号)，乙の歌唱を甲の許諾なく録音すると，甲の楽曲を無断で複製することになり(著2条1項15号)，甲の複製権を侵害することになります(著21条)。本問では，販売目的で乙の歌唱を録音しているため，故意に甲の著作権を侵害する行為に該当します。そして，故意に著作権を侵害する行為に対しては，刑事罰が科される場合があります(著119条1項，刑法38条)。

問13　正解: ウ　　意匠権の管理と活用

ア　適切

意匠権者は，業として登録意匠及びこれに類似する意匠を実施する権利を専有します（意23条）。また，意匠権者は登録意匠，又はこれに類似する意匠を実施する権利について，他人に許諾することができます。ここで，意匠権Ｄに係るハンドバッグとセカンドバッグは，物品が類似するので，Ｙ社がＸ社に無断で，意匠権Ｄの形態と類似する形態のセカンドバッグを製造することは，意匠権Ｄを侵害します。したがって，Ｙ社はＸ社から通常実施権の許諾を受ける必要があります(意28条１項)。

イ　適切

通常実施権の許諾は，特許庁に登録しなくても有効なものと認められます（意28条３項で準用する特99条）。したがって，特許庁への登録は必要ありません。なお，専用実施権の設定は，特許庁に備える意匠原簿に登録しなければその効力を生じません(意27条４項で準用する特98条１項２号，61条１項２号)。

ウ　不適切

意匠権が共有に係るときは，各共有者は，他の共有者の同意を得なければ，その意匠権について他人に通常実施権を許諾することができません（意36条で準用する特73条３項)。したがって，Ｗ社からの同意を得なければ，Ｙ社はＸ社から意匠権Ｄについて通常実施権の許諾を受けることができません。

問14　正解: ア　　著作権の侵害と救済

ア　適切

プログラムの著作物の著作者は，その著作物について創作年月日の登録を受けることができ（著76条の２第１項)，創作年月日の登録を行うことにより，その日に創作があったものとの推定を受けることができます(著76条の２第２項)。

イ　不適切

著作権は創作と同時に発生し（著51条１項)，その権利の享有にはいかなる方式も必要としません（著17条２項)。なお，著作権の登録は，著作権の移転等があった場合，第三者に対して著作権の移転等があったことを主張することができる第三者対抗要件です(著77条１号)。

ウ　不適切

第三者の著作権侵害行為に対して損害賠償請求する場合に，損害額の推定規定の適用を受けるために著作権の登録は必要ありません(著114条)。

問15　正解: ア　　独占禁止法

ア　適切

特許発明の実施許諾契約においてライセンサーである特許権者が実施許諾を受けるライセンシーに対して，ライセンシーが改良発明について取得した特許権をライセンサーに譲渡もしくは専用実施権を設定させることを強要するのは，技術市場又は製品市場におけるライセンサーの地位を強化するものであり，原則として不公正な取引方法に該当するため，独占禁止法上，問題となります（公正取引委員会HP：知的財産の利用に関する独占禁止法上の指針　第4　5（8））。

イ　不適切

特許発明の実施許諾契約においてライセンサーである特許権者が特許製品の販売価格を制限することは，原則として不公正な取引方法に該当するため，独占禁止法上，問題となります（公正取引委員会HP：知的財産の利用に関する独占禁止法上の指針　第4　4（3））。

ウ　不適切

特許発明の実施許諾契約において実施期間を限定することは，特許権の行使と認められるため，独占禁止法上，問題となりません(独21条)。

問16　正解: ウ　　種苗法

ア　不適切

種苗法では，出願の拒絶に対する不服を申し立てる拒絶査定不服審判が設けられていません。したがって，品種登録の出願が拒絶されたとしても，拒絶査定不服審判を請求することはできません。

イ　不適切

品種登録を受けるためには，所定の事項を記載した願書を農林水産大臣に提出する必要があります(種５条１項)。

ウ　適切

出願品種の種苗又は収穫物が日本国内において品種登録出願の日から１年（外国においては４年）さかのぼった日前に業として譲渡されていた場合，その品種について品種登録を受けることができません(種４条２項)。したがって，出願品種の種苗を業として譲渡した場合であっても，その日から１年（外国においては４年）を経過する前に品種登録出願をすれば，品種登録を受けられる場合があります。

問17　正解: ウ　　特許権の侵害と救済

特許権者は，無断で特許発明を実施する第三者に対して，特許権を行使することができます（特68条）。ここで，特許権の行使とは，特許発明の無断実施に対する差止請求（特100条1項）や損害賠償請求（民709条），又はライセンス交渉を持ちかけること（特78条1項）などが該当します。そして，権利行使を円滑に進める理由から，無断で特許発明を実施する第三者に対して警告書を送付することがあります。

ア　適切

Y社が販売する化粧品Aが，X社の特許権を侵害している場合，X社は，特許権を行使して，Y社による販売行為を停止させることができます（特100条1項）。Y社による販売行為を円滑に停止させる目的で，X社がY社に対して警告書を送付することは，適切です。

イ　適切

Y社が販売する化粧品Aが，X社の特許権を侵害している場合，X社は，特許権を行使して，Y社に対してライセンス交渉を持ちかけることができます（特78条1項）。ライセンス交渉を円滑に進める目的で，X社がY社に対して警告書を送付することは，適切です。

ウ　不適切

警告書による警告を行うことは，侵害訴訟を提起するための要件ではありません。したがって，侵害訴訟を提起する目的で警告書による警告を行う必要はありません。

問18　正解: ア　　**商標権の侵害と救済**

ア　適切

商標権者は，指定商品又は指定役務について登録商標の使用をする権利を専有し（商25条），自己の商標権を侵害する者，又は侵害するおそれがある者に対し，その侵害の停止又は予防を請求することができます（商36条1項）。さらに，その侵害行為によって損害が発生している場合には，損害賠償を請求することができます(民709条)。

よって，X社は，商標Aの使用の差し止めとともに損害賠償の責任を負うことがあります。

イ　不適切

①他人の商標権に係る商標登録出願前から，②日本国内で，③不正競争の目的なく，その商標登録出願に係る指定商品・指定役務又はこれらに類似する商品・役務についてその商標を使用しており，④その商標登録出願時において，⑤その商標が自己の業務に係る商品・役務を表示するものとして需要者の間に広く認識されていること，及び⑥継続してその商品・役務についてその商標の使用をすること，のすべての要件を満たさなければ先使用権は認められません(商32条)。

したがって，X社が商標Aの使用を開始した時期が，登録商標Bに係る商標登録出願の出願日よりも先である事実だけで，X社が商標Aを継続して使用できるとは限りません。

ウ　不適切

商品及び役務の区分は，商品又は役務の類似の範囲を定めるものではありません(商6条3項)。本問では，X社の商標Aを使用している商品が，登録商標Bに係る指定商品と区分が異なっているものの，類似関係が認められます。したがって，X社の行為は，登録商標Bに係る商標権の侵害に該当する場合があるため，使用を継続すべきではありません(商25条)。

問19　正解: ア　　特許権の管理と活用

ア　適切

専用実施権を設定するライセンス契約を行う場合は，特許庁に登録しなければ，その効力が生じません(特98条１項２号)。

イ　不適切

通常実施権を許諾するライセンス契約を行う場合，特許庁に登録しなくとも，契約当事者間の合意があれば効力が生じます。

ウ　不適切

独占的通常実施権は通常実施権の一態様であるので，特許庁に登録しなくとも，契約当事者間の合意があれば効力が生じます。

問20　正解: ウ　　意匠登録を受けるための手続き

意匠登録出願人は，意匠権の設定の登録の日から３年以内の期間を指定して，その期間その意匠の内容を公開せず，秘密にすることを請求することができます(意14条１項)。

ア　適切

意匠登録出願人又は意匠権者は，秘密にすることを請求した期間を延長し又は短縮することを請求することができます（意14条３項)。したがって，X社は，意匠Aの秘密請求期間を短縮することができます。

イ　適切

特許庁長官は，裁判所から請求があったときは，秘密にすることを請求した意匠を意匠権者以外の者に示さなければなりません（意14条４項３号)。さらに，意匠権者の承諾を得たときや，その意匠又はその意匠と同一もしくは類似の意匠に関する審査，審判，再審又は訴訟の当事者又は参加人から請求があったときなどにも示される場合があります(意14条４項各号)。

ウ　不適切

秘密意匠の請求をする場合には，意匠登録出願と同時，又は第一年分の登録料の納付と同時に，所定の書面を特許庁長官に提出する必要があります（意14条２項)。つまり，登録査定の謄本送達後，意匠公報の発行前の期間に，いつでも秘密請求することができるわけではありません。

問21　正解: イ　　パリ条約

パリ条約では，特許独立の原則(パリ４条の２)が規定されており，この原則によれば，ある同盟国で出願された特許は，他の国で同一の発明について取得した特許から独立することになります。また，特許独立の原則によれば，ある同盟国でなされた特許出願については，他の国で同一の発明についてした特許出願の審査結果に依存せず，独立して審査されることになります。

ア　不適切

優先権の基礎である特許出願Ａが拒絶されたことを理由として，優先権の主張が無効となることはありません。つまり，特許出願Ａが拒絶になったとしても，優先権の有効性が否定されたわけではないので，特許出願Ｂは，特許出願Ａの出願日(フランスでの出願日)を基準として審査が行われることになります。

イ　適切

特許独立の原則により，特許出願Ａが拒絶されたとしても，特許出願Ｂも当然に拒絶されるとは限りません。したがって，日本での特許出願Ｂについては，特許出願Ａが拒絶された理由を十分に検討したうえで出願審査請求の要否を決めることは，適切であると考えられます。

ウ　不適切

特許独立の原則により，日本での特許出願Ｂは，優先権の基礎となった特許出願Ａが拒絶されたとしても，そのことを理由として拒絶されることはありません。

問22　正解: イ　　著作者人格権

ア　不適切

小説家が書いた原稿における誤字の修正は，著作者の意に反して改変する行為に該当するため，原則として，同一性保持権の侵害に該当します（著20条１項）。しかし，明らかな誤字を正しく修正する行為は，著作物の性質並びにその利用の目的及び態様に照らしやむを得ないと認められる改変に該当するので，同一性保持権の侵害とはなりません(著20条２項４号)。

イ　適切

ホテルの客室の雰囲気に合わせるため，著作者から購入したステンドグラスの一部の色を変更する行為は，著作者の意に反して改変する行為に該当するため，同一性保持権の侵害となります(著20条１項)。

ウ　不適切

著作者の意に反してその著作物の変更，切除その他の改変をした場合には，同一性保持権の侵害に該当しますが（著20条１項），建築物の増築，改築，修繕又は模様替えによる改変は，同一性保持権の侵害に該当しません（著20条２項２号)。したがって，著名な建築家が設計したホテルが老朽化したため，修繕する行為は，同一性保持権の侵害に該当しません。

問23　正解: イ　　条約　全般

ア　不適切

日本でした出願をフランスに出願した特許出願Ｐに基づいて，国際出願への出願変更手続を行うことはできません。本問の場合，フランスでした特許出願Ｐに基づく優先権を主張して特許協力条約(PCT)による国際出願を行うができます。

イ　適切

特許出願Ｐの出願日から１年以内であれば，フランスでした特許出願Ｐに基づいて優先権を主張して日本に直接特許出願することができます(パリ４条Ｃ（１))。

ウ　不適切

パリ条約の優先権の有効期間(優先期間)は，特許出願Ｐの出願日から１年以内となります（パリ４条Ｃ（１))。このため，特許出願Ｐの出願公開を待ってから日本に直接特許出願しようとすると，優先期間が経過する場合があり，その後に日本国で特許出願した場合には，パリ条約の優先権の効果が得られないために拒絶になる場合があります。したがって，特許出願Ｐの出願公開を待ってから日本に特許出願することは，適切ではありません。

問24　正解: ウ　　特許法・意匠法

ア　適切

特許出願と意匠登録出願については，先後願の判断はされません（特39条，意9条）。したがって，液晶パネルAについて意匠登録出願した後に，特許出願した場合であっても，特許権を取得する可能性があります。

イ　適切

特許出願人は，出願段階であっても，仮通常実施権の許諾に関する契約を締結することができます（特34条の3第1項）。さらに，その後に特許出願に係る発明について特許権が設定登録された場合，原則として，仮通常実施権が許諾された者には，通常実施権が許諾されたものとみなされます（特34条の3第2項）。したがって，仮通常実施権の許諾に関する契約を締結している場合には，新たに通常実施権の許諾に関する契約を締結する必要はありません。

ウ　不適切

特許権と意匠権とはそれぞれ独立した権利であるため，権利行使も独立して行うことができます。したがって，特許権と意匠権のうち，一方の権利についてのみ実施権の許諾を受けていたとしても，他方の権利を行使されてしまう場合があります。そのため，液晶パネルAについて特許権と意匠権とが取得されている場合には，両方の権利について実施権の許諾を受ける契約を締結する必要があります。

問25　正解: ア　　　　　　　　　　　　　　　　意匠法の保護対象と登録要件

ア　不適切

意匠登録出願前に頒布された雑誌に掲載された意匠と類似する意匠は，新規性がなく，意匠登録を受けることができません(意３条１項３号)。

したがって，意匠登録出願前に頒布された雑誌によって公知となったエプロンに係る意匠に類似するエプロンの意匠は，「当業者が容易に創作することができた意匠」ではなく，「新規性がない意匠」として拒絶されます。

イ　適切

意匠登録出願前に日本国内又は外国において公然知られた意匠は，新規性がなく，意匠登録を受けることができません(意３条１項１号)。よって，意匠登録出願前にデンマークで発売された知育遊戯具に係る意匠と同一である知育遊戯具の意匠は，新規性のない意匠であるとして拒絶されます。

ウ　適切

意匠登録出願前に，その意匠の属する分野における通常の知識を有する者が，日本国内又は外国において公然知られた形状，模様もしくは色彩又はこれらの結合に基づいて，容易に意匠の創作をすることができたときは，意匠登録を受けることができません(意３条２項)。したがって，意匠登録出願に係る置物の意匠が，平等院鳳凰堂の形状を，ほとんどそのまま置物として表したにすぎない意匠である場合には，当業者であれば容易に創作することができた意匠であるとして拒絶されます。

問26　正解: ア　　特許協力条約(PCT)

ア　適切

国際出願の国際公開は，原則として，国際出願の優先日から18カ月経過後に，国際事務局によって行われます(PCT21条(1)，(2))。

イ　不適切

国際出願がアラビア語，英語，スペイン語，中国語，ドイツ語，日本語，韓国語，ポルトガル語，フランス語又はロシア語でなされた場合は，国際出願がなされた言語で国際公開が行われます（PCT規則48.3（a))。したがって，英語とは異なる言語によって作成された国際出願について，当該言語によって国際公開が行われる場合があります。

ウ　不適切

国際出願は，原則としてすべて国際調査の対象となるため(PCT15条(1))，国際調査を受けるにあたり，出願人が国際調査機関に対して国際調査の請求を行う必要はありません。さらに，すべての国際出願は，原則として，国際公開されます(PCT21条(2)（a))。

問27　正解: 2022年12月5日　　特許出願後の手続き

出願審査請求は，原則として「特許出願の日から３年以内」にしなければなりません（特48条の３第１項)。また，期間の計算に関しては，初日不算入が原則ですので(特３条１項１号)，出願審査請求の起算日は2019年12月６日となります。

したがって，2019年12月５日に行った特許出願について，出願審査請求をすることができる最終日は，2022年12月５日になります。

問28　正解：登録査定

商標登録をすべき旨の査定もしくは審決の謄本の送達があった日から30日以内に，納付すべき登録料の納付をすると，商標権の設定登録がされて商標権が発生します(商18条1項，2項，41条1項)。

問29　正解：5

登録料は，5年毎に分割して納付することができます（商41条の2第1項)。分割納付する場合には，設定登録時に前半5年分の料金を納付し，5年満了時点までに後半分の登録料を納付します。

問30　正解：半永久的に

商標権者は申請により存続期間を更新することができます（商19条2項)。更新の申請は，何度でも可能であるので，更新手続を繰り返すことにより，商標権を半永久的に存続させることができます。

知的財産管理技能検定
3級

試験概要

知的財産管理技能検定について

(1) 知的財産管理技能検定とは

「知的財産管理技能検定」は、技能検定制度の下で実施されている、「知的財産管理」職種にかかる国家試験です。知的財産教育協会が2004年より実施してきた「知的財産検定」が全面的に移行したもので、2008年7月に第1回検定が実施されました。

「知的財産管理」職種とは、知的財産（著作物、発明、意匠、商標、営業秘密等）の創造、保護または活用を目的として、自己または所属する企業・団体等のために業務を行う職種であり、具体的には、リスクマネジメントに加え、創造段階における開発戦略、マーケティング等、また保護段階における戦略、手続管理等、また活用段階におけるライセンス契約、侵害品排除等のマネジメントを行う職種です。

本検定は、これらの技能およびこれに関する知識の程度を測る試験です。

試験名称：知的財産管理技能検定
試験形態：国家試験（名称独占資格）・技能検定
試験等級：一級知的財産管理技能士（特許専門業務）
　　　　　一級知的財産管理技能士（コンテンツ専門業務）
　　　　　一級知的財産管理技能士（ブランド専門業務）
　　　　　二級知的財産管理技能士（管理業務）
　　　　　三級知的財産管理技能士（管理業務）
試験形式：学科試験・実技試験
指定試験機関：一般財団法人知的財産研究教育財団 知的財産教育協会
知的財産管理技能検定 HP：www.kentei-info-ip-edu.org/

技能検定とは

技能検定とは、働くうえで身につける、または必要とされる技能の習得レベルを評価する国家検定制度で、「知的財産管理技能検定」は、「知的財産管理」職種にかかる検定試験です。試験に合格すると合格証書が交付され、「技能士」と名乗ることができます。

厚生労働省：技能検定制度について
http://www.mhlw.go.jp/bunya/nouryoku/ginoukentei/index.html

(2) 各級のレベル

１級：知的財産管理の職種における上級の技能者が通常有すべき技能及びこれに関する知識の程度（知的財産管理に関する業務上の課題の発見と解決を主導することができる技能及びこれに関する専門的な知識の程度）を基準とする。
２級：知的財産管理の職種における中級の技能者が通常有すべき技能及びこれに関する知識の程度（知的財産管理に関する業務上の課題を発見し、大企業においては知的財産管理の技能及び知識を有する上司の指導の下で、又、中小・ベンチャー企業においては外部専門家等と連携して、その課題を解決でき、一部は自律的に解決できる技能及びこれに関する基本的な知識の程度）を基準とする。
３級：知的財産管理の職種における初級の技能者が通常有すべき技能及びこれに関する知識の程度（知的財産管理に関する業務上の課題を発見し、大企業においては知的財産管理の技能及び知識を有する上司の指導の下で、又、中小・ベンチャー企業においては外部専門家等と連携して、その課題を解決することができる技能及びこれに関する初歩的な知識の程度）を基準とする。

(3) 試験形式

＊一部に３肢択一も含む

等級・試験種	試験形式	問題数	制限時間	受検手数料
１級学科試験	筆記試験（マークシート方式４肢択一式＊）	45問	100分	8,900円
１級実技試験	筆記試験と口頭試問	5問	約30分	23,000円
２級学科試験	筆記試験（マークシート方式４肢択一式＊）	40問	60分	8,200円
２級実技試験	筆記試験（記述方式・マークシート方式併用）	40問	60分	8,200円
３級学科試験	筆記試験（マークシート方式３肢択一式）	30問	45分	6,100円
３級実技試験	筆記試験（記述方式・マークシート方式併用）	30問	45分	6,100円

(4) 法令基準日

知的財産管理技能検定の解答にあたっては、問題文に特に断りがない場合、試験日の６カ月前の月の１日現在で施行されている法令等に基づくものとされています。

知的財産管理技能検定3級について

「知的財産管理技能検定３級」（以下、３級）は、知的財産管理技能検定のうち、知的財産に関する業務に従事している者または従事しようとしている者を対象とした入門的な検定試験です。

なお、３級合格に必要な技能およびこれに関する知識の程度は、以下のように定められています。

３級：知的財産管理の職種における初級の技能者が通常有すべき技能及びこれに関する知識の程度（知的財産管理に関する業務上の課題を発見し、大企業においては知的財産管理の技能及び知識を有する上司の指導の下で、又、中小・ベンチャー企業においては外部専門家等と連携して、その課題を解決することができる技能及びこれに関する初歩的な知識の程度）を基準とする。

知的財産管理技能検定３級　試験概要

	学科試験	実技試験
試験形式	筆記試験 （マークシート方式 3 肢択一式）	筆記試験 （記述方式・マークシート方式併用）
問題数	30 問	30 問
制限時間	45 分	45 分
受検手数料	6,100 円	6,100 円

知的財産管理技能検定３級　試験範囲

学科試験	実技試験
３級学科試験の試験科目およびその範囲の細目	３級実技試験の試験科目およびその範囲の細目
1　保護（競争力のデザイン） 1-1　ブランド保護 ブランド保護に関し、初歩的な知識を有すること。 1-2　技術保護 Ⅰ　国内特許権利化に関し、初歩的な知識を有すること。 Ⅱ　外国特許権利化に関し、次に掲げる事項について初歩的な知識を有すること。 （1）パリ条約を利用した外国出願手続 （2）国際出願手続 Ⅲ　品種登録申請に関して初歩的な知識を有すること。 1-3　コンテンツ保護 コンテンツ保護に関し、初歩的な知識を有すること。 1-4　デザイン保護 デザイン保護に関し、初歩的な知識を有すること。 2　活用 2-1　契約 契約に関し、次に掲げる事項について初歩的な知識を有すること。 （1）知的財産関連契約 （2）著作権の権利処理 2-2　エンフォースメント エンフォースメントに関し、次に掲げる事項について初歩的な知識を有すること。 （1）知的財産権侵害の判定 （2）国内知的財産関連訴訟 3　関係法規 次に掲げる関係法規に関し、知的財産に関連する事項について初歩的な知識を有すること。 （1）民法（特に契約関係法規） （2）特許法 （3）実用新案法 （4）意匠法 （5）商標法 （6）不正競争防止法 （7）独占禁止法 （8）著作権法 （9）種苗法 （10）特定農林水産物等の名称の保護に関する法律 （11）パリ条約 （12）特許協力条約 （13）TRIPS 協定 （14）マドリッド協定議定書 （15）ハーグ協定 （16）ベルヌ条約 （17）商標法に関するシンガポール条約 （18）特許法条約 （19）弁理士法	1　保護（競争力のデザイン） 1-1　ブランド保護 ブランド保護に関し、業務上の課題を発見し、上司の指導の下で又は外部専門家等と連携して、その課題を解決することができること。 1-2　技術保護 Ⅰ　国内特許権利化に関し、業務上の課題を発見し、上司の指導の下で又は外部専門家等と連携して、その課題を解決することができること。 Ⅱ　外国特許権利化に関し、次に掲げる事項について業務上の課題を発見し、上司の指導の下で又は外部専門家等と連携して、その課題を解決することができること。 （1）パリ条約を利用した外国出願手続 （2）国際出願手続 Ⅲ　品種登録申請に関し、業務上の課題を発見し、上司の指導の下で又は外部専門家等と連携して、その課題を解決することができること。 1-3　コンテンツ保護 コンテンツ保護に関し、業務上の課題を発見し、上司の指導の下で又は外部専門家等と連携して、その課題を解決することができること。 1-4　デザイン保護 デザイン保護に関し、業務上の課題を発見し、上司の指導の下で又は外部専門家等と連携して、その課題を解決することができること。 2　活用 2-1　契約 契約に関し、次に掲げる事項について業務上の課題を発見し、上司の指導の下で又は外部専門家等と連携して、その課題を解決することができること。 （1）知的財産関連契約 （2）著作権の権利処理 2-2　エンフォースメント エンフォースメントに関し、次に掲げる事項について業務上の課題を発見し、上司の指導の下で又は外部専門家等と連携して、その課題を解決することができること。 （1）知的財産権侵害の判定 （2）国内知的財産関連訴訟（当事者系審決等取消訴訟を含む）

知的財産管理技能検定３級　受検資格

３級は「知的財産に関する業務に従事している者または従事しようとしている者」であれば誰でも受検可能です。

※本書の検定情報は、2023年５月現在の知的財産管理技能検定のウェブサイト情報に基づいて執筆したものです。最新の情報は下記ウェブサイトをご確認ください。

知的財産管理技能検定ウェブサイト
http://www.kentei-info-ip-edu.org/

知的財産管理技能検定３級
厳選 過去問題集［2024年度版］

2023年　7月　10日　初版１刷発行

編　者　アップロード知財教育総合研究所
発行者　小川裕正
発行所　株式会社アップロード
〒104-0061　東京都中央区銀座2-11-2
TEL 03-3541-3827　FAX 03-3541-7562
カバー・本文デザイン　中川英祐（有限会社トリプルライン）
印刷・製本　広研印刷株式会社

ISBN 978-4-909189-54-7　C2032
乱丁・落丁本は、送料小社負担にてお取り替えいたします。